El Sendero de la Verdad

Casa Nazarena de Publicaciones

Publicado por
Casa Nazarena de Publicaciones
17001 Praire Star Parkway
Lenexa, KS 66220 EUA.

informacion@editorialcnp.com • www.editorialcnp.com

Copyright © 2011 Todos los derechos reservados.

David Hayse, Director
Publicaciones Nazarenas Global

Germán Picavea, Editor General
Casa Nazarena de Publicaciones

Patricia Picavea, Editora
Publicaciones Ministeriales

Diseño de portada: Samuel Marroquín
Diagramación: Samuel Marroquín

ISBN 978-1-56344-723-5
Categoría: Educación cristiana

A menos que se indique lo contrario, todas las citas bíblicas han sido tomadas
de la Biblia versión Reina-Valera 1960, © Sociedades Bíblicas Unidas. Todos los derechos reservados.

Excepto para breves citas, ninguna parte de este libro puede ser reproducida, almacenada
o transmitida en cualquier forma o por cualquier medio sin la previa autorización escrita de la editorial.

Contenido

Presentación	5

Primer trimestre - El éxodo del pueblo de Israel

Lección 1	Surgimiento de un líder	6
Lección 2	Excusas que acusan	8
Lección 3	El comienzo de la liberación	10
Lección 4	Sólo obedece, Dios tiene el control	12
Lección 5	Dios intervino en la historia	14
Lección 6	La sangre que libera	16
Lección 7	Dios con su pueblo	18
Lección 8	Un consejo sabio para forjar líderes	20
Lección 9	El anhelo de una comunidad justa y santa	22
Lección 10	El Tabernáculo: Modelo de un proyecto divino	24
Lección 11	El pacto renovado	26
Lección 12	El Tabernáculo: Mandato de una obra	28
Lección 13	La consolidación de un pueblo	30

Segundo trimestre - La Biblia y los Derechos Humanos

Lección 14	El respeto mutuo	32
Lección 15	Tenemos garantías individuales	34
Lección 16	Un lugar donde vivir	36
Lección 17	¡Derechos!, ¿y los deberes?	38
Lección 18	Derecho a la familia y a la propiedad	40
Lección 19	Creyendo con valentía y libertad	42
Lección 20	Participación política y seguridad social	44
Lección 21	Necesitamos un descanso	46
Lección 22	Derecho a la educación y la cultura	48
Lección 23	Celebrando al Rey eterno	50
Lección 24	Jesucristo nuestro salvador ¡vive!	52
Lección 25	Un tesoro desconocido	54
Lección 26	La Biblia y los Derechos Humanos	56

Tercer trimestre - El reino de Dios según Marcos

Lección 27	El reino de Dios se ha acercado	58
Lección 28	Discípulos del Reino	60
Lección 29	La oposición al Reino	62
Lección 30	Crecimiento del Reino	64
Lección 31	¡Un hombre como este sólo puede ser Dios!	66
Lección 32	Confirmación del hijo de Dios	68
Lección 33	Nuestras actitudes y el Reino	70
Lección 34	Requisitos del Reino	72
Lección 35	Un Reino diferente	74
Lección 36	La revelación del Reino	76
Lección 37	La agonía	78
Lección 38	La misión del Reino: Un mensaje para compartir	80
Lección 39	La llegada del Reino según Marcos	82

Cuarto trimestre - Josué, el siervo-líder

Lección 40	La preparación de un siervo-líder	84
Lección 41	Josué: Un modelo de siervo-líder	86
Lección 42	Dios llamó a un siervo-líder	88
Lección 43	Josué, un siervo-líder organizado	90
Lección 44	Dependencia y confianza del siervo – líder	92
Lección 45	Reconocimiento y agradecimiento a Dios	94
Lección 46	El pecado que no quedó oculto	96
Lección 47	Alianzas peligrosas	98
Lección 48	Dios cumple su propósito	100
Lección 49	Equidad del líder ante su pueblo	102
Lección 50	Exhortaciones, desafíos y advertencias	104
Lección 51	El siervo-líder, sin sucesor	106
Lección 52	Josué el siervo-líder	108

Presentación

Nuevamente ponemos en sus manos un libro pensado para usted, que disfruta estudiar la Palabra de Dios y quiere conocer más del Señor.

En esta oportunidad, El Sendero de la Verdad, Libro 3 alumno, presenta un resumen de la lección para que pueda leerlo en la semana y una Hoja de actividad para participar activamente en su clase.

Este año comenzaremos con el estudio de "El éxodo del pueblo de Israel", veremos apasionantes historias que nos permitirán conocer a fondo el corazón de Dios y su mover. Seguiremos con el estudio de "La Biblia y los Derechos Humanos", a través de estas lecciones estaremos viendo cómo Dios pensó en los Derechos Humanos desde el inicio de los tiempos y no dejó nada librado a la suerte. Continuaremos el tercer trimestre estudiando "El reino de Dios según Marcos", metiéndonos de lleno en los distintos aspectos del Reino que enseñó y vivió Jesús. Y por último, en el cuarto trimestre, estudiaremos a "Josué, el siervo-líder", a través de estas lecciones estaremos viendo las características del siervo-líder que Dios desea que seamos.

¡Cuánto por aprender!

Los escritores de El Sendero de la Verdad, (pastores y líderes hispanos ubicados en diferentes contextos) y todo el equipo de Casa Nazarena de Publicaciones, hicimos este libro pensando en cómo ayudarle a usted a profundizar en la Biblia y acercarse cada día más al Señor. Deseamos que este propósito se cumpla en usted y su vida diaria refleje a Cristo.

Patricia Picavea
Editora de publicaciones ministeriales

Surgimiento de un líder

Lección 1

Ada Canales (EUA)

I. Dios proveyó un líder a pesar de la adversidad

A. La situación política era adversa

"… Se levantó sobre Egipto un nuevo rey que no conocía a José…" (Éxodo 1:8a), las políticas respecto a los israelitas cambiaron drásticamente (Éxodo 1:1-14). El nuevo rey desconocía la historia, desconocía lo sucedido con los israelitas, desconocía todo lo que José había contribuido cuando estuvo a cargo de la administración del gobierno egipcio y se sintió amenazado por este pueblo que iba creciendo y fortaleciéndose sin poder detenerlo.

Nuevas políticas de gobierno en los países, pueden también amenazar la tranquilidad y estabilidad de la comunidad en general. Estos cambios afectan las formas de vida, la fe, las convicciones y las familias. A pesar de las condiciones de políticas adversas y de los gobiernos injustos, Dios sigue trabajando para levantar y usar líderes que dirijan a su pueblo para ser testigos de Él en medio del caos político que les toca vivir.

B. La situación social era adversa

Debido a las nuevas políticas implementadas por el nuevo rey y la falta de reconocimiento de los israelitas como residentes legítimos de Egipto, se creó un ambiente de injusticia, violencia, abuso, crueldad y marginación. Era una situación de desesperanza, de impotencia, de incertidumbre respecto a la vida familiar y comunitaria. Lo interesante de esta situación era que a pesar de ser un pueblo marginado, "los egipcios llegaron a tenerles miedo" (Éxodo 1:12b, NVI).

A más trabajos y castigos, más se fortalecían y se multiplicaban, generando temor entre sus opresores. ¿Por qué? Porque cuando Dios tiene un propósito para su pueblo, lo va a cumplir a pesar de todos y en medio de cualquier circunstancia adversa. Dios, en su soberanía, levantará personas que le sirvan y cumplan su propósito, para vergüenza de los demás.

C. La sobrevivencia en situaciones adversas

Cuando el rey de Egipto vio que su estrategia de disminución de los israelitas no daba resultados, a pesar de los trabajos y fuerza ejercida sobre ellos, decidió ir más lejos, (Éxodo 1:15-22). Al no poder contra el argumento presentado por las parteras, Faraón recurrió a todo el pueblo y dio la orden perversa "Echad al río a todo hijo que nazca, y a toda hija preservad la vida" (Éxodo 1:22).

II. Dios proveyó un líder en medio de fragilidad familiar

La familia de Amram y Jocabed apareció en escena, ellos eran descendientes de la tribu de Leví y tenían dos hijos María (la mayor) y Aarón, posiblemente de tres años en ese tiempo y esperaban la llegada de un tercer hijo.

La felicidad de la llegada de un varón se veía empañada por la posibilidad de perderlo en manos de los egipcios. Era un momento emocionalmente frágil para esta familia, que veía amenazada su tranquilidad y la felicidad de recibir a un nuevo miembro. En medio de esta situación de fragilidad familiar, la creatividad y la sencillez de una familia salieron a relucir como instrumento del cuidado de Dios, (Éxodo 2:3).

III. Dios proveyó un líder y mostró su soberanía

Mientras el rey de Egipto pensaba que había ganado la batalla contra los israelitas, Dios estaba actuando soberanamente a través de la propia hija de Faraón, (Éxodo 2:5-10). Jocabed tuvo el privilegio de inculcar en su hijo, valores y enseñanzas durante esos primeros años de vida tan importantes en la vida del ser humano.

Dios usó a la hija del faraón para proteger al pequeño hebreo que con el tiempo sería el gran libertador de Israel. Moisés recibió una educación que no hubiera recibido en su pueblo y creció disfrutando la libertad, contrario a la experiencia de su familia. Dios trabajó de manera soberana para levantar un líder, usando las circunstancias de alrededor. Nadie imaginó que en medio de la opresión y esclavitud, surgiría un líder.

Surgimiento de un líder

Lección 1

Hoja de actividad

Versículo para memorizar: "Y cuando el niño creció, ella lo trajo a la hija de Faraón, la cual lo prohijó, y le puso por nombre Moisés, diciendo: Porque de las aguas lo saqué" Éxodo 2:10.

I. Dios proveyó un líder a pesar de la adversidad

¿Qué situaciones difíciles estaba enfrentando el pueblo de Israel? (Éxodo 1:11-14). _____

Al mirar la situación actual de tu comunidad, ¿A qué clases de adversidades se enfrenta la iglesia? _____

¿Consideramos estas adversidades como propicias para que surja un líder de parte de Dios? _____

II. Dios proveyó un líder en medio de fragilidad familiar

Además de los trabajos forzados a los que fueron sometidos, ¿cuál fue la mayor amenaza que vivieron las familias israelitas? (Éxodo 1:15-16). _____

¿A quiénes encargó Faraón el exterminio de los niños israelitas? ¿Cómo resultó ese mandato? _____

III. Dios proveyó un líder y mostró su soberanía

¿Qué personas usó Dios para preparar al líder de Israel? (Éxodo 2:8-10). _____

¿Qué aspectos de la personalidad y carácter de Moisés fueron formados por las personas mencionadas antes? _____

Conclusión

Los caminos y planes de Dios son diferentes a los planes humanos. Él sigue levantando líderes hoy, de una forma sencilla y soberana, en medio de las circunstancias adversas y usando los recursos que están al alcance. Que nuestra oración sea el estar atentos a sus caminos para poder ser usados por Él.

Excusas que acusan

Nilda Calvo (Argentina)

I. Moisés huyó de Egipto

A. Obligado a huir

Moisés vivió 40 años como pastor. Y lo que él no sabía era que esta segunda etapa de 40 años, sería su campo de entrenamiento para cosas grandes que sucederían a través de él. Los cambios más decisivos llegaron a sus 80 años, cuando tuvo un encuentro especial con Dios.

En Hechos 7:25 encontramos que Moisés sintió el desprecio de su gente. Frente a lo sucedido huyó en Éxodo 2:11-15. Esta situación sirvió para que Moisés entendiera que el pueblo sería liberado en el tiempo de Dios y por Él.

B. Formó una familia

El sacerdote de Madian, (Rehuel) también conocido como Jetro tenía siete hijas que cuidaban sus ganados (Éxodo 2:16). Moisés las conoció cuando unos pastores las atacaron y él las defendió. Como resultado de este hecho, Moisés encontró una familia y una esposa (Éxodo 2:16-22).

C. Dios escuchó el clamor de sus hijos

Dios rescató a Israel cuando creyó que era el momento oportuno. Dios sabe cuándo es el mejor momento para actuar (Éxodo 2:23-25). Cuando sintamos que Dios se ha olvidado de nosotros y de nuestros problemas, recordemos que Él tiene un plan que no podemos ver, clamemos y esperemos su respuesta.

II. Llamamiento de Moisés

Cuando esa mañana Moisés salió con sus ovejas, no tenía idea de que se encontraría con Dios (Éxodo 3:1-6). Vale la pena estar listo, porque nunca sabemos lo que Dios tiene planeado para nosotros.

A. La zarza ardiendo sin consumirse

La zarza ardiendo fue un cuadro de Dios donde reveló su gloria y poder. Podríamos decir que la zarza ilustraba a Moisés, un pastor humilde ¡que con la ayuda de Dios sería un fuego que no se podría apagar!

Moisés fue llamado por Dios se inclinó ante Él y le adoró con asombro, (Éxodo 3:5-6). Podemos decir que este debe ser el verdadero comienzo del servicio cristiano.

B. El plan divino: Dios designó a Moisés

Moisés se regocijó seguramente al oír que Dios estaba a punto de liberar a Israel, ¡pero entonces oyó las nuevas de que él era el libertador! "Te enviaré" y allí comenzó su duda. Dios usa instrumentos humanos para realizar su obra en la tierra. Pasaron ochenta años de preparación para Moisés; ahora era tiempo de actuar (Éxodo 3:7-10).

III. Excusas rechazadas

Ante esa invitación Moisés expresó las siguientes excusas:

A. No soy apto. Soy incapaz

En Éxodo 3:11-12 leemos que Moisés se excusó porque se sentía incapaz para la tarea que Dios le encomendó. Pero Dios no le estaba pidiendo que trabajara solo y le ofreció otros recursos para ayudarlo. Es bueno que el obrero cristiano comprenda sus limitaciones para darse cuenta del poder ilimitado de Dios quien lo respalda, pero no debe ocultarse tras sentimientos de indignidad como excusa para no hacer la obra a la cual el Señor lo llama.

B. ¿En nombre de quién me presentaré?

Esta no fue una pregunta evasiva, porque los judíos querrían seguridad de que el Señor le había enviado en su misión. Dios reveló su nombre (Éxodo 3:13-15). Dios revelaría el significado completo de su nombre divino en el tiempo del Éxodo.

C. No me van a creer

Durante 40 años Moisés alimentó el dolor del rechazo de su propio pueblo y la duda de si lo aceptarían (Éxodo 4:1-9). Esto persistió aun cuando Dios acababa de decir que le creerían (Éxodo 3:18).

D. No tengo ningún talento natural

La respuesta de Dios para esta cuarta excusa fue: Yo estaré en tu boca y te enseñaré lo que has de hablar (Éxodo 4:10-12). La respuesta de Dios es suficiente para silenciar la objeción de alguien que cree que sus impedimentos físicos son limitaciones para Dios.

Excusas que acusan

Lección 2

Hoja de actividad

Versículo para memorizar: "Y tomarás en tu mano esta vara, con la cual harás las señales" Éxodo 4:17.

I. Moisés huyó de Egipto

¿Cuál fue la causa por la cual tuvo que huir Moisés de Egipto? (Éxodo 2:11-25). _____

_____

¿Para qué sirvió esta situación en la vida de Moisés? _____

_____

_____

II. Llamamiento de Moisés

¿Qué sucedió frente a la zarza? (Éxodo 3:1-10). _____

_____

_____

¿Cómo nos habla Dios en este tiempo? _____

_____

_____

III. Excusas rechazadas

¿Cuáles fueron las excusas de Moisés? (Éxodo 3:11-4:17). _____

_____

_____

¿Qué le han enseñado las excusas en cuanto a usted mismo? _____

_____

_____

¿Qué ha aprendido en cuanto a Dios? _____

_____

Conclusión

_____

_____

El comienzo de la liberación

Lección 3

Pedro Sensente (Guatemala)

I. El comienzo de la liberación

La libertad es algo maravilloso muy valorada por quienes la pierden. Moisés se lanzó a una experiencia que marcaría profundamente su entorno (Éxodo 4:18-26). Moisés tuvo una experiencia extraordinariamente reveladora de parte de Dios, quien le dio a conocer su plan para liberar al pueblo de Israel de la esclavitud en Egipto y en el cual él sería parte importante de su ejecución.

A. Moisés obedeció a la voz de Dios

Después de algunos cuestionamientos personales y la decisión de Dios de pedir a Aarón que lo acompañara, Moisés recibió instrucciones precisas sobre la misión. Dios le instruyó para que convocara a los ancianos del pueblo y les compartiera su plan (Éxodo 3:11-4:17). Es en ese contexto fue que Moisés obedeció y aceptó el desafío.

B. Moisés tomó en sus manos el respaldo de Dios

Moisés no solamente fue llamado y comisionado por Dios sino que también recibió todo su apoyo, autoridad y poder. Dios le brindó señales poderosas como la de la mano que se metía en su seno y luego salía con lepra y la de convertir el agua en sangre.

II. El plan para el regreso

A. Moisés tuvo el apoyo incondicional de su hermano

Moisés no estuvo sólo en la ejecución del plan divino. Anteriormente Moisés le había comentado a Dios su problema para expresarse verbalmente y que ello le imposibilitaba para hablar ante el pueblo por lo que Dios le prometió la ayuda de su hermano Aarón y cumplió su promesa (Éxodo 4:27). Moisés no tuvo que convencer o persuadir a su hermano porque Dios ya había tratado con él.

B. Moisés le compartió el plan de Dios a Aarón

Moisés le explicó a Aarón detenidamente en qué consistía el plan y le mostró las señales que Dios le había dado, como la vara que se convertía en serpiente y como la mano bajo el seno adquiría lepra y luego al volver a meterla salía completamente sana.

C. Aarón se identificó con el plan

Aarón supo que el plan había nacido, brotado, surgido del mismo corazón de Dios y no de los buenos sentimientos de su hermano y con gran convicción, pasión y esperanza lo compartió con los ancianos del pueblo de Israel (Éxodo 4:29-30).

D. Una reacción inesperada

Moisés esperaba que el pueblo cuestionara su misión o su mensaje y le expresó a Dios su preocupación de que el pueblo no le creyera (Éxodo 4:1), pero no fue así. El pueblo estuvo atento escuchando con interés, asombro y esperanza.

III. El encuentro con el Faraón

Moisés y Aarón estuvieron muy motivados. La aceptación del plan de liberación de parte del pueblo de Israel los había animado aún más. Hasta ese momento todo iba muy bien, pero luego se presentarían algunas complicaciones.

A. Moisés y Aarón fueron recibidos por el Faraón

Moisés y Aarón (según las instrucciones de Dios) se presentaron ante la autoridad máxima del gobierno egipcio, el Faraón. Su carta de presentación fue clara y su mensaje más claro aun (Éxodo 5:1b). El mensaje de Dios desafió la autoridad del Faraón y de los dioses egipcios ya que no era una solicitud, sino que se le estaba dando una orden.

B. El plan se complicó

La situación no fue sencilla y ellos lo sabían, Dios se lo había dicho a Moisés anteriormente (Éxodo 3:19). Dios le reveló a su siervo lo que sucedería y de esta manera lo preparó para enfrentar los obstáculos que se le presentarían durante la ejecución del plan.

C. La reacción del pueblo

Ante esta injusticia laboral los capataces hebreos se quejaron ante el Faraón (Éxodo 5:15-17), pero éste reafirmó su decisión de sobrecargarlos de trabajo y menospreció su deseo de ir y ofrecer sacrificios a Jehová.

El comienzo de la liberación

Hoja de actividad

Versículo para memorizar: "Entonces Moisés tomó su mujer y sus hijos, y los puso sobre un asno, y volvió a tierra de Egipto. Tomó también Moisés la vara de Dios en su mano" Éxodo 4:20.

I. El comienzo de la liberación

¿Qué hizo Moisés para llevar adelante el plan de Dios? (Éxodo 4:18-20). _____

_____

¿Cómo somos parte del plan de Dios hoy? _____

_____

II. El plan para el regreso

¿Quién representa este apoyo humano para Moisés en el plan de Dios? _____

_____

¿A quiénes debía compartir Moisés el plan divino antes de presentarse ante el Faraón? (Éxodo 4:28-31). ___

_____

¿Por qué cree que fue fácil para el pueblo escuchar a Moisés? _____

_____

III. El encuentro con el Faraón

¿Cuál fue la carta de presentación de Moisés ante el Faraón? (Éxodo 5:1). _____

_____

¿Por qué es importante tener definido quién nos envía? _____

_____

¿Cuál fue el mensaje que recibió el Faraón de parte de Dios? _____

_____

¿Qué sucedió después que Moisés y Aarón se presentaron ante el rey de Egipto? (Éxodo 5:6-8). _____

_____

¿Por qué los cristianos a veces perdemos la visión de Dios? _____

_____

Conclusión

Las adversidades que se enfrentan en el camino durante la ejecución del plan de Dios son oportunidades para que veamos en acción su poder y fortalezcamos nuestra fe. Dios, nos llama hoy para que seamos instrumentos de bendición en la ejecución de su plan salvífico para el hombre. ¿Es usted obediente al llamado de Dios?

Sólo obedece, Dios tiene el control

Lección 4

Adhemar Charlin y Ligdana de Charlin (Uruguay)

I. La comisión para Moisés y Aarón

Cuando Dios nos habla hay un mensaje claro en cuanto a su finalidad, a su trascendencia para la consecución (el logro) de sus eternos propósitos. Es decir, el cumplimiento de su mandato, tiene consecuencias mas allá de nuestras circunstancias presentes.

A. El enojo del faraón

Loa pasajes de Éxodo 5:22-23; 6:9 relatan que la reacción del faraón ante el pedido de Moisés, de admitir el mandato de Dios y dejar ir al pueblo israelita, fue de enojo y de carga sobre el pueblo. El faraón puede simbolizar a la persona con una actitud llena de orgullo, terquedad y de franca rebeldía a las órdenes de Dios.

Por otro lado uno de los atributos del carácter de Dios es su fidelidad, es decir el cumplimiento de aquello que ha prometido que hará. Para esto Dios se provee de aquellos que están dispuestos a creerle y poner en acción la obediencia a su palabra.

B. Dios tiene el control

Debemos tener la certeza de que todos los eventos y sucesos están bajo el control de la mano del Dios todopoderoso, que reina soberanamente sobre todo lo creado.

Con anterioridad a que Dios comisionara a Moisés a Egipto, Él ya conocía lo que ocurriría, y así se lo hizo saber al líder escogido. Dios en su infinita soberanía, omnisciencia y omnipotencia, utilizó la oposición del faraón para desplegar su poder a favor de la liberación de Israel.

II. Vivencias de Moisés

A. Crisis de fe

Es Dios quien siempre toma la iniciativa de salir a nuestro encuentro con la firme intención de bendecirnos con su preciosa compañía y con el privilegio de darnos participación en sus proyectos (Éxodo 6:12-13). Esto lo hace no porque tengamos un elevado intelecto o múltiples habilidades sino por su gracia. Dios no busca capacidad, sino obediencia completa.

B. Moisés como Dios para Faraón

El pueblo egipcio no adoraba al Dios de Moisés, sino que adoraba las cosas creadas por Dios como el río Nilo, (el de mayor longitud del país), los astros (el sol, la luna, etc.) y diferentes tipos de animales (gatos, entre otros). Además poseían numerosos dioses y veían en el faraón un dios que también adoraban.

Dios le enseñaría a los egipcios y aun al mismo pueblo de Israel (que sólo había escuchado de la grandeza de Dios), que únicamente Él era el Dios verdadero y vivo con poder sobre toda la tierra.

Es en este escenario que Dios estableció a Moisés como "dios para Faraón" (Éxodo 7:1), otorgándole un altísimo nivel de autoridad y poder, merecedor de la atención de todo ser humano.

III. La vara de Aarón

A. Promesa del respaldo de Dios

Ante el orgullo y la obstinación del Faraón, Dios prometió a Moisés y a Aarón la demostración de obras poderosas con despliegue de señales y maravillas, en correspondencia con la ejecución de juicios sobre Egipto (Éxodo 7:8-9).

En la vara de Aarón, el Señor probó y enseñó que su autoridad, poderío y dominio soberano estaban por encima del faraón y las deidades egipcias, como también lo están hoy sobre nuestras barreras y dificultades (Éxodo 7:10,12).

B. Debemos ser fieles al mandato

Existen muchas historias en la Biblia con ejemplos de personas en quienes nadie creía, de quienes no se esperaba que pudieran lograr algo; pero que alcanzaron éxito porque fueron fieles a Dios. Estas personas no fueron llamadas por Dios mientras perecieaban sino que fueron llamadas, comisionadas y enviadas, en medio de sus actividades cotidianas. Debemos tener en cuenta que fue en la rutina de la vida diaria, que Dios se manifestó a Moisés, para darle a conocer su plan y su participación en el mismo.

Sólo obedece, Dios tiene el control

Hoja de actividad

Versículo para memorizar: " E hizo Moisés y Aarón como Jehová les mandó; así lo hicieron" Éxodo 7:6.

I. La comisión para Moisés y Aarón

Ante el rechazo de su pueblo, ¿qué hizo Moisés? (Éxodo 5:22). _____

¿Cómo describirías la actitud de Moisés? _____

II. Vivencias de Moisés

¿Qué poder dio Dios a Moisés para que lo representara ante el poder del faraón? (Éxodo 7:1-2). _____

¿Qué tarea le dio Dios a Aarón? (Éxodo 7:1-2). _____

En su opinión ¿cuando Dios llama a alguien, ya tiene el control de todas las cosas? (Éxodo 7:3-5). Mencione algún ejemplo. _____

Teniendo en cuenta las edades de Moisés y Aarón ¿piensa que Dios puede llamarle en cualquier momento de su vida? (Éxodo 7:7). _____

III. La vara de Aarón

¿Qué prometió Dios a Moisés y Aarón? (Éxodo 7:8-9). _____

La seguridad que ofreció Dios a Moisés y Aarón es real para nosotros hoy. ¿De qué manera? _____

Conclusión

Los héroes de la Biblia, no se convirtieron en hombres y mujeres de Dios sin antes transitar paso a paso desde una posición de anonimato hasta la notoriedad pública, alcanzada luego de ser obedientes al Señor en el día a día.

Dios intervino en la historia

Lección 5

Samuel Pérez (Puerto Rico)

I. Generalidades de las plagas

Afirmar que Dios intervino en los asuntos cotidianos del pueblo de Israel mientras estuvo bajo el yugo de los egipcios es un asunto teológico de gran importancia. Este evento nos ayudará a definir y determinar nuestro entendimiento y comprensión de la naturaleza y acción de Dios en la historia y en la vida..

A. El prodigio del agua convertida en sangre

Es de vital importancia estar conscientes de que cada una de las plagas representaba alguna de las divinidades que adoraban los egipcios. En el caso de la primera plaga es necesario señalar que el Nilo era considerado como sagrado y era objeto de adoración (Éxodo 7:14-25).

B. El prodigio de las ranas

Heki, la diosa rana, era una de las deidades más adoradas por los egipcios. Matar una rana era castigado severamente. Pero en ese momento estaban por todas partes (Éxodo 8:1-15). Ya que era difícil no dañarlas, había gran aflicción.

C. El prodigio de los piojos

En esta ocasión no hubo negociación con el rey (Éxodo 8:16-19). Sólo hubo una demostración de la fuerza superior de Yahvé quien venció a Ged, dios de la tierra. Por primera vez, los hechiceros no pudieron imitar esto con magia (v.18).

D. El prodigio de las moscas

Por primera vez aquí se introduce el tema de la distinción entre israelitas y egipcios (Éxodo 8:20-32). Israel vivía en la tierra de Gósen y ésta no fue afectada por los insectos.

E. El prodigio del ganado

Ante la nueva negativa del faraón, Dios envió una plaga que atacó exclusivamente al ganado de los egipcios (Éxodo 9:1-7). Esta plaga resultó especialmente significativa, si tomamos en cuenta que las vacas se consideraban sagradas y eran representadas por Ptah, dios de la fertilidad y Hator, diosa en forma de vaca.

F. El prodigio de las úlceras

Se demostró el poder del Señor por medio de un milagro de transformación doble: La ceniza se convirtió en en polvo y el polvo causó sarpullido con úlceras (Éxodo 9:8-12).

G. El prodigio del granizo

Jehová, una vez más, manifestó su poder delante del Faraón y su pueblo. Esta vez una tormenta de granizo azotó su territorio (Éxodo 9:13-35).

El dios representado en esta plaga responde al nombre de Seth, o Set, señor del mal, dios de la sequía y del desierto en la mitología griega

H. El prodigio de langostas

Este relato contiene nuevas complicaciones. Las medidas de fuerza iban rompiendo la unidad del bloque hegemónico que presidía el Faraón (Éxodo 10:1-20). En esta ocasión el rey de los egipcios tuvo que negociar, no solamente ante la presión de las plagas, sino también ante las presiones de su propia burocracia (v.7).

I. El prodigio de las tinieblas

De acuerdo al relato Jehová envió otro juicio (Éxodo 10:21-29). Vino sobre Egipto una gran oscuridad, la densidad de las tinieblas era tal, que superaba a cualquiera que se hubiera experimentado jamás.

J. El anuncio de la última plaga

La superioridad del poder de Jehová sobre los dioses egipcios, el Faraón y su pueblo, ya había sido manifiesta. Hasta este punto, nueve plagas habían caído sobre Egipto como evidencias de su poder. Es necesario recordar que en la tradición griega faraón y su hijo primogénito eran considerados como deidades.

II. La preparación para el éxodo

La experiencia del éxodo de Egipto se convirtió en el principio y fundamento de la historia y de la fe de un pueblo: "Dios liberó a Israel de la esclavitud de Egipto" es el artículo de fe más importante de todo el Antiguo Testamento (equiparable a lo que significa la resurrección de Jesucristo para el Nuevo Testamento).

Dios intervino en la historia

Hoja de actividad

Versículo para memorizar: "y dile: Jehová el Dios de los hebreos me ha enviado a ti, diciendo: Deja ir a mi pueblo, para que me sirva en el desierto; y he aquí que hasta ahora no has querido oír" Éxodo 7:16.

I. Generalidades de las plagas

Las plagas escogidas por Dios ¿qué significado tenían para los egipcios? _____

_____

Según la tradición griega, ¿qué significaban Faraón y su hijo primogénito? _____

_____

_____

¿Cuántas y cuáles plagas envió Dios? _____

_____

¿Por qué cree que Dios escogió esas plagas y no otras? _____

_____

¿De qué medios se vale Dios para intervenir en la vida cotidiana, en la historia de las personas hoy en día? __

_____

_____

II. La preparación para el éxodo

¿Hoy podemos ver éxodo de gente en los países? _____

_____

¿Por qué cambia la gente de país? _____

_____

¿Qué enseñaría esta lección a alguien que desea irse de su país por alguna situación política o social? _____

_____

_____

Conclusión

Es necesario recordar que, aún cuando podamos estar atravesando momentos de gran dificultad, escasez, incertidumbre, amenazas tenemos la convicción de que nuestro Dios no está ajeno de nuestra condición. Así como intervino a favor de su pueblo y con poder lo liberó, así tenemos la esperanza que acontecerá en nuestras vidas independientemente de nuestras circunstancias.

Lección 6: La sangre que libera

Loysbel Pérez (Cuba)

I. Dios ordenó la Pascua

Cuando viajamos a través de las páginas del Antiguo Testamento observamos que la revelación de Dios al pueblo de Israel tuvo un propósito fundamental en su momento pero a su vez apuntaba a la venida de Cristo y al nuevo pacto que se establecería entre Dios y la iglesia.

A. Descripción de la primera Pascua

El Faraón no permitió que el pueblo elegido saliera en paz y esto propició varias plagas de parte de Dios para Egipto, la última de ellas consistió en la muerte de todos los primogénitos. Para hacer diferencia entre los primogénitos egipcios e israelitas era necesario cumplir con algunos requisitos (Éxodo 12:1-27).

B. La relevancia de la Pascua para la iglesia cristiana

Vemos a Jesús celebrando la Pascua con sus discípulos y revolucionando el concepto tenido hasta ese momento (Marcos 14:12-25). Jesús se presentó como ese cordero pascual (Juan 1:29), como aquel cordero sin defecto que iba a morir de una vez y para siempre por los pecados de la humanidad. Esa noche comió con sus discípulos y les enseñó el nuevo significado del pan sin levadura (su cuerpo que iba a ser ofrecido) y del vino (su sangre que serviría para el perdón de pecados). A partir de ese momento la iglesia celebra la Pascua teniendo como base esa enseñanza de Jesús.

II. Dios ordenó la salida de Egipto

Llegó el gran momento para el pueblo de Israel de salir de Egipto (Éxodo 12:37-51). Después de no haber escuchado la voz de Dios por espacio de más de cuatrocientos años, Dios levantó a un gran líder como Moisés e hizo grandes señales a través de él.

A. La Pascua se convirtió en noche de celebración

La Pascua dio inicio al éxodo de Israel. Después de la salida de Egipto Dios ordenó a Moisés dedicar una noche que sirviera para revelar la gratitud del pueblo hacia Él por haberlos liberado.

B. Significado espiritual y teológico de la salida

Esta liberación constituyó una afirmación contundente de la superioridad de Dios sobre los dioses adorados por los egipcios y su religión politeísta.

Esta liberación de Egipto representa para la iglesia la liberación del pecado, liberación del tiempo de esclavitud en la que se encuentra cada persona antes de aceptar el sacrificio expiatorio de Cristo. Pero para los que le han recibido este hecho constituye también un antes y un después en su vida.

III. Dios ordenó la consagración de los primogénitos

A. Definición de los términos

Consagración: La utilización del término consagración es la forma más incipiente del concepto de santidad que posteriormente sería mejor definido en el Nuevo Testamento.

Primogénito: Se refiere al primer hijo nacido ya sea humano o animal.

B. La Pascua y la orden divina

La celebración de la Pascua guarda una estrecha relación con la muerte de los primogénitos, viene como respuesta al último castigo de Dios al pueblo egipcio en esta etapa.

El concepto Pascua evolucionó la mente israelita, posteriormente se convirtió en una fiesta con carácter nacional; hablar de Pascua para un judío era hablar de una fiesta que:

- Conmemoraba la salida de Israel de Egipto.
- Conmemoraba la liberación de la esclavitud.
- Revelaba el carácter milagroso de Dios.
- Recordaba los beneficios de Dios a favor del pueblo.

C. Dios merece lo primero

En el Antiguo Testamento lo primero equivalía a lo mejor, en otras palabras, dar o dedicar lo primero a Dios era dar o dedicar lo mejor. La consagración de los primogénitos en Israel resaltaba la verdad espiritual de que Dios se merece lo primero y lo mejor.

La sangre que libera

Hoja de actividad

Versículo para memorizar: "Y la sangre os será por señal en las casas donde vosotros estéis; y veré la sangre y pasaré de vosotros…" Éxodo 12:11.

I. Dios ordenó la Pascua

El nombre "Pascua" viene del hebreo pesakh, _____

Éxodo 12:23 relata cómo el ángel de destrucción pasó por alto las casas de Israel cuando la última plaga quitó la vida a todos los _____

Escriba algunos detalles de la primera Pascua _____
_____
_____

En 1 Corintios 5:7 Pablo expresa… "nuestra Pascua, que es _____
_____

II. Dios ordenó la salida de Egipto

Mencione algunas restricciones que el Señor dictó sobre comer la Pascua. _____
_____

La liberación de Egipto representa para la iglesia: _____
_____

III. Dios ordenó la consagración de los primogénitos

Explique el significado de primogénito y consagración. _____
_____
_____

Hablar de Pascua para un judío era hablar de una fiesta que: _____
_____
_____

Explique en sus palabras el significado de la Pascua hoy para el pueblo cristiano. _____
_____

Conclusión

Al igual que la sangre de aquellos corderos sacrificados salvó a los primogénitos de la muerte, hoy por la sangre de Cristo somos librados de la muerte eterna. Jesucristo es la Pascua para los que le aceptan hoy.

Dios con su pueblo

Raúl Puig (Puerto Rico)

I. La presencia de Dios

Cuando el pueblo de Israel abandonó Egipto, le esperaban una serie de situaciones que probarían tanto la fe personal como la del pueblo entero. A través del relato bíblico veremos que Dios siempre mostró que estaba con su pueblo y los cuidaba.

Al salir de Egipto, Israel fue llevado por Jehová por camino seguro con el propósito de que no se desanimaran y se quisieran regresar (Éxodo 13:17-22).

A. José tuvo fe y creyó

En Éxodo 13:19 leemos las palabras de José antes de fallecer donde dijo:"Dios ciertamente os visitará, y haréis subir mis huesos de aquí con vosotros", una especie de profecía y a la misma vez una muestra de fe, José estaba diciendo que estaba seguro de que Jehová no los abandonaría jamás y los sacaría de Egipto a una tierra propia.

B. Presencia visible

En Éxodo 13:21 notamos presencia de Dios con el pueblo, una nube de día y una columna de fuego en la noche, para que pudieran caminar constantemente. Esta muestra de la presencia de Dios era única, antes nadie la había visto, Jehová también era único.

La nube durante el día proveía sombra y la columna de fuego luz para la noche. Dios estaba atento a todos los detalles.

Lo mismo ocurre hoy debemos estar confiados que Dios no nos dejará ni nos desamparará.

II. Cruzando el mar Rojo

En esta sección veremos otra parte de la presencia divina, Éxodo 14:1-31. Ya conocemos que Dios estaba presente entre el pueblo, ahora conoceremos que Jehová luchó por ellos como parte de ese acompañamiento.

A. Frente al mar y el aparente encierro

Faraón, como era de esperarse, pensó como estratega que el pueblo estaba encerrado (Éxodo 14:1-3). Por sus espaldas tenían el ejército de Faraón, de frente el mar Rojo y por los costados las montañas. No había escape, eso no fallaría, Faraón se lanzó con su ejército al desierto pensando que el pueblo de Israel regresaría a Egipto.

Al ver el peligro inminente dice la palabra que el pueblo clamó, (v.10). En los versículos 11 y 12 el pueblo increpó a Moisés y deseó volver a Egipto, pero aun siendo infieles Dios se mantuvo fiel a su promesa.

En Éxodo 14:30-31 concluye esta sección diciendo " Así salvó Jehová aquel día a Israel...y el pueblo temió a Jehová, y creyeron a Jehová y a Moisés su siervo" mostrando que la fe del pueblo creció.

III. La provisión de Dios

En esta sección veremos las veces y las maneras en que Dios le proveyó a su pueblo alimento y agua en su peregrinar por el desierto (Éxodo 15:22-17:7).

A. El agua amarga en Mara

Ante esta situación el pueblo nuevamente murmuró contra Moisés (Éxodo 15:22-27), quien inmediatamente clamó a Jehová (v. 25) y obtuvo la respuesta y todos pudieron satisfacer su sed. En esa misma ocasión Dios les dio estatutos y ordenanzas, que si las cumplían les serviría para ser librados de las enfermedades que recibirían los egipcios (v.26). Es importante ver en este actuar de Dios como la bendición sobre su pueblo estaba íntimamente ligada al cumplimiento de sus mandamientos.

B Provisión del maná y codornices

La historia continúa con otra prueba de fe (Éxodo 16:1-36). En esta ocasión el pueblo murmuró contra Moisés y Aarón en el desierto porque quería carne y pan, y añoraban el alimento que tenían en Egipto (v.2-3) y Dios respondió.

C. Agua de la roca

Otro período de prueba de fe y de presencia de Dios lo encontramos en Éxodo 17:1-7. Esta vez Dios le dijo a Moisés que llevara a los ancianos, como testigos, pues brotaría agua de la peña de Horeb. Aquel lugar tuvo nombres particulares, Masah y Meriba, prueba y rencilla (v.7).

Dios con su pueblo

Lección 7

Hoja de actividad

Versículo para memorizar: "Y Jehová iba delante de ellos de día en una columna de nube para guiarlos por el camino, y de noche en una columna de fuego para alumbrarles, a fin de que anduviesen de día y de noche" Éxodo 13:21.

I. La presencia de Dios

En Éxodo 13:17-18 Dios cambió la ruta del pueblo con un propósito, explique cuál fue el propósito y comparta un breve testimonio de situaciones similares en su vida cuando Dios cambió algo para un mejor resultado en su vida. _____
_____

¿Cuál fue la petición de José antes de morir? ¿Qué demostró esta petición? _____
_____

II. Cruzando el mar Rojo

El aparente encierro del pueblo israelita frente al mar Rojo serviría para que Dios fuera _____, (Éxodo 14:4). La presencia de Dios se puso entre Israel y los egipcios y era _____ y _____ para los egipcios y _____ a Israel, (Éxodo 14:20).

¿En qué formas se mostró Dios al pueblo?

1. _____ (v.2).
2. _____ (v.4).
3. _____ (vv.15-18).
4. _____ (v.20).
5. _____ (v.21).
6. _____ (vv.27-28).

III. La provisión de Dios

Piensa que la actitud repetitiva de murmuración del pueblo en Éxodo 15:25 se da en la iglesia hoy. Comparta _____
_____

Si la murmuración se da en la iglesia ¿Qué podemos hacer como iglesia para evitar esa situación? _____
_____

Conclusión

Dios no sólo promete estar con su pueblo sino también sostenerlo, librarlo de ciertas situaciones y proveerle lo necesario. Busquemos siempre su presencia y lo demás vendrá por añadidura.

Un consejo sabio para forjar líderes

Lección 8

Joel Castro (España)

I. Jetro visitó a Moisés

El tener que usar la ayuda de otros es importantísimo. El pasaje de hoy nos dará las pautas para forjar líderes que ayuden con el trabajo. Aquí encontraremos un consejo peculiar para los líderes de hoy. Por lo tanto prestemos atención al consejo de Jetro que data de más de 3500 años y se encuentra en Éxodo 18:1-27.

Dios había obrado tremendamente en la liberación de su pueblo Israel y fue tal el hecho que la noticia corrió por todas las naciones circundantes a Egipto. Madián era una nación que estaba situada hacia el oeste de Egipto y hasta allí llegó la noticia a oídos de Jetro (Éxodo 18:1).

A. "Y tomó Jetro a Séfora y a sus dos hijos"

Jetro no se contentó solamente con escuchar la noticia como mero rumor sino que fue hasta el mismo Moisés para ver lo que Dios había hecho, y aprovechó para llevarle a su esposa e hijos (Éxodo 18:2-3).

Es probable que Moisés dejó a su esposa e hijos al cuidado de su suegro mientras él hacía la obra de liberación del pueblo de Israel. Por eso en este pasaje vemos que Jetro reunió a Moisés con su esposa Séfora y sus dos hijos Gersón y Eliezer.

B. "Y Moisés contó a su suegro todas las cosas…"

Era un hecho que Jetro necesitaba la información de primera mano y lo más bonito era que quien le contaba era el mismo protagonista. En Éxodo 18:8 leemos sólo un resumen de las cosas grandiosas que Dios hizo con su pueblo. Esta conversación no fue sólo de minutos sino de horas y ya nos podemos imaginar los gestos de admiración y alegría entre los dos.

Jetro primero se alegró, segundo bendijo y celebró y por último ofreció sacrificios. La visita informativa de Jetro le resultó de mucha bendición para Moisés.

II. Jetro analizó el trabajo de Moisés

Sin duda la visita de Jetro fue larga y le dio tiempo para acompañar a su yerno en sus tareas diarias para con el pueblo. Pero dentro del trabajo que tenía Moisés con el pueblo a Jetro le llamó mucho la atención el sistema que usaba para juzgar y declarar las ordenanzas de Dios y sus leyes (v.16).

A. El desgaste de él como líder

A Jetro le preocupó la situación de Moisés porque solo él se hacía cargo de todo el pueblo, por eso le preguntó: "¿Qué es esto que haces tú con el pueblo? y ¿por qué te sientas tú solo…?" (Éxodo 18:14). Jetro analizó el trabajo de Moisés y tuvo que ser claro y hasta un poco tajante para declararle lo que estaba mal. Habrá liderazgo mientras tanto haya un líder, pero si el líder desfallece tristemente se perderá todo. No hay duda que si queremos ser sabios tenemos que escuchar la sabiduría de otros y Moisés hizo así (v.24). Su humildad para obedecer le trajo un buen sostén y por otra parte el pueblo regresaba a casa en paz (v.23).

B. El desgaste del pueblo por la espera

Jetro no sólo vio a Moisés cansado, sino también vio al pueblo fatigado (v.13).

III. Jetro y su plan para forjar líderes

Jetro tenía una mejor forma para liderar a un pueblo tan grande como lo era Israel (v.19).

A. "Escoge de entre todo el pueblo varones"

El principio de la delegación era la clave para el nuevo sistema de liderazgo para Moisés, solamente encontrando personas que asumieran responsabilidades él podría descansar (vv. 21-22). El consejo de Jetro también resuena en el Nuevo Testamento por medio del apóstol Pablo en 2 Timoteo 2:2. Espero que no se entienda que solamente a hombres se le debe delegar, los versículos citados tienen un contexto cultural, pero hoy en día Dios desea que tanto hombres y mujeres sean sus instrumentos.

B. "Y Enseña a ellos las ordenanzas… "

El delegar no sólo consistía en buscar personas cualitativas, sino que deberían tener un seguimiento para enseñarles respecto al trabajo que tenían que desempeñar (v.20). Además, era importante que el equipo de trabajo tuviera el mismo sentir del líder.

En este versículo encontramos tres cosas que tenía que hacer Moisés con ellos. Enseñarles las ordenanzas y leyes; hacerles conocer la conducta que deberían llevar y mostrarles las obligaciones que deberían cumplir.

Un consejo sabio para forjar líderes

Lección 8

Hoja de actividad

Versículo para memorizar: "Oye ahora mi voz; yo te aconsejaré, y Dios estará contigo" Éxodo 18:19.

I. Jetro visitó a Moisés

¿Qué noticia llegó a oídos de Jetro? (Éxodo 18:1). _____
_____

¿Cómo se llamaban los dos hijos de Moisés? _____

¿Cuáles son las tres actitudes de Jetro como respuesta a la noticia maravillosa que le dio Moisés según Éxodo 18?

1. _____ (v.9)
2. _____ (vv.10-11)
3. _____ (v.12)

II. Jetro analizó el trabajo de Moisés

¿Qué le llamó la atención a Jetro de Moisés?_____
_____

¿Cuáles son las cuatro frases de Jetro para argumentar que Moisés estaba equivocado en su procedimiento en Éxodo 18?

1. _____ (v.17)
2. _____ (v.18a)
3. _____ (v.18b)
4. _____ (v.18c)

III. Jetro y su plan para forjar líderes

Diga, ¿cuáles son las cualidades del equipo de trabajo de Moisés? (Éxodo 18:21).

a. _____ c. _____
b. _____ d. _____

Por último, ¿cuáles son las tres cosas que tenían que hacer Moisés con ellos? (Éxodo 18:20).

1. _____
2. _____
3. _____

Conclusión

El servicio a Dios es múltiple, nos necesitamos todos para llevarlo a cabo. Y lo más hermoso del servicio es cuando podemos trabajar y enseñar a trabajar a otros para el mañana. Tomemos este sabio consejo como una herramienta para forjar líderes dentro de nuestra iglesia.

El anhelo de una comunidad justa y santa

Lección 9

Fletcher Tink (EUA)

I. Maneras de formar una comunidad

Se habla considerablemente de comunidad, pero no siempre comprendemos el significado práctico de la misma. El diccionario la define como: "Conjunto de las personas de un pueblo, región o nación o conjunto de naciones unidas por acuerdos políticos y económicos… o características o intereses comunes" (Diccionario de la Real Academia Española en línea, 20 edición).

A. Ancestro común

Una comunidad se puede formar de varias formas y una de ellas puede ser por tener un ancestro común: Abraham, Isaac y Jacob.

B. Pruebas conjuntas

La comunidad puede ser formada por un grupo de personas que han pasado pruebas juntas, momentos difíciles y dolorosos. Sin embargo, algunas veces, cuando los problemas desaparecen también lo hace el grupo. Los hijos de Israel habían sufrido tremendamente la esclavitud en Egipto. La opresión los unió.

C. Metas u objetivos comunes

La gente forma una comunidad cuando tienen fuertes intereses en común. Dios les había prometido a los hijos de Israel una tierra que les pertenecería.

II. ¿Qué es una comunidad auténtica?

La base para formar una comunidad auténtica en las Escrituras es el "pacto". Éste fue ofrecido primero a Abraham, después Isaac y Jacob y fue renovado a Noé. Ese pacto, iniciado por Dios, fue como un contrato de amor, algo parecido a un matrimonio.

De esta historia podemos deducir que una comunidad auténtica involucra los siguientes elementos como compromiso genuino, gozo de pasar tiempo juntos, honestidad e intimidad entre los que son miembros de la comunidad, aceptación incondicional, oportunidades de celebrar en comunidad, metas comunes.

El capítulo 19 es una demostración pública de la unión entre Dios y los hijos de Israel, la consumación de esta comunidad especial divina humana. No involucra procesiones, marchas nupciales, flores o confeti. Pero involucra una densa nube (v.9), el lavado de ropas (v.10), los relámpagos y truenos, las erupciones volcánicas, humo y el sonido de trompeta (vv.16-18). Era una ceremonia nupcial real entre Dios y su pueblo.

III. Elementos de una comunidad según Dios

A. Tiempos compartidos con Dios

Dios buscó encuentros como el que tuvo con Moisés, el líder del pueblo (Éxodo 19:3-24). El monte Sinaí sería el lugar de los encuentros. Moisés recibió el mensaje divino y éste a su vez se lo dio al pueblo, fue un intermediario entre Dios y el pueblo, fue el sacerdote o pontífice.

B. Límites compartidos

Según este pasaje de Éxodo debía haber siempre una separación distintiva entre Dios-Creador y el ser humano, la creación. En Éxodo 19:12, los límites fueron puestos alrededor del monte Sinaí. La condición era que nadie debía invadir el espacio de Dios. La violación era pena de muerte, Dios habló en medio del fuego y el humo.

C. Rituales compartidos

A los hijos de Israel se les dijo que lavaran sus ropas (Éxodo 19:14) y controlaran su apetito sexual (v.15). Estas demandas de Dios fueron enunciados públicos de consagración, que anticipaban grandes revelaciones futuras.

D. Principios esenciales compartidos

Una vez que la gente siguió a Moisés en los tiempos compartidos, límites y rituales, estaban listos para recibir el documento más importante jamás antes escrito en piedra, "Los Diez Mandamientos".

E. Una ética social compartida

Mucho del resto de los capítulos 20 al 23 contiene una lista más detallada de pecados (y por ende, castigos) que destruirían la ética social y el sentido de comunidad. También encontramos reglas que ayudarían a vivir mejor a los que se encontraban fuera del círculo israelita (22:21; 23:9).

El anhelo de una comunidad justa y santa

Lección 9

Hoja de actividad

Versículo para memorizar: "…os tomé sobre alas de águilas, y os he traído a mí. Ahora, pues, si diereis oído a mi voz, y guardareis mi pacto, vosotros seréis mi especial tesoro sobre todos los pueblos; porque mía es toda la tierra" Éxodo 19:4b-5.

I. Maneras de formar una comunidad

Piense y escriba diferentes modelos de comunidades que conozca según:

Ancestro común _____

Pruebas conjuntas _____

Metas u objetivos comunes _____

II. ¿Qué es una comunidad auténtica?

¿Qué debe existir para ser parte de una comunidad? _____

III. Otros elementos de una comunidad según Dios

¿Cómo explicaría en sus propias palabras los siguientes elementos de "una comunidad de Dios" que menciona la lección?

Tiempos compartidos con Dios (Éxodo 19:3-24). _____

Límites compartidos (Éxodo 19:12). _____

Rituales compartidos (Éxodo 19:14;23:14-19). _____

Principios esenciales compartidos (Éxodo 20). _____

Una ética social compartida (Éxodo 20 al 23). _____

Conclusión

Después de todo, ¿estamos todos buscando ser una comunidad auténtica? ¿Qué estamos dispuestos a hacer para llegar a ser una comunidad de calidad? ¿Cómo puede esa comunidad auténtica impactar de una forma diferente y radical la ciudad o contexto en el cual se desenvuelve?

El Tabernáculo: Modelo de un proyecto divino

Lección 10

Germán Espinoza (Bolivia)

I. Dios diseñó el tabernáculo

Es extraordinario que Dios, diera la iniciativa para tener en medio de su pueblo, un lugar (tabernáculo) para hacer notoria su presencia ante el pueblo, que Él mismo libertó.

El tabernáculo no fue invento de Moisés o del pueblo para tener un lugar donde poder adorar a Dios y donde Él se pudiera comunicar con ellos. Por el contrario este fue un plan que nació de Dios y que Él mismo diseñó.

El tabernáculo era como una especie de tienda de campaña portátil que simbolizaba la presencia de Dios en medio del pueblo "Y harán un santuario para mí, y habitaré en medio de ellos" (Éxodo 25:8).

A. Las dos partes centrales del tabernáculo

El lugar santo: El lugar santo era donde el pueblo, simbólicamente llegaba ante la presencia de Dios. Hoy gracias a la redención por medio de Jesucristo tenemos libre acceso a la presencia de Dios.

El lugar santísimo: Estaba tras la cortina de lino fino adornado con querubines. Allí se encontraba el arca del pacto que simbolizaba, el lugar donde estaba el Señor Dios Todopoderoso. Era el principal objeto del tabernáculo, y el más completo tipo de la salvación. El arca era también conocida como arca del testimonio, y estaba completamente recubierta de oro y se trasladaba con varas insertadas en anillos, que estaban en los cuatro ángulos inferiores. En su interior estaban las dos tablas de la ley, la vara de Aarón y la vasija del maná.

B. El atrio del tabernáculo

El atrio era el patio que rodeaba el tabernáculo (Éxodo 27:9-19) y el templo, dentro del cual se hallaba el altar del holocausto, la fuente de bronce y el altar del incienso.

En el altar de los holocaustos se hacían los sacrificios cotidianos, (Éxodo 27:1-8). Es con lo primero que se encontraba, el pecador o el adorador. Es donde se ofrecía el sacrificio para la remisión de los pecados, por medio de la sangre derramada.

II. Dios estableció el financiamiento de la obra

Una parte crucial en la ejecución de un proyecto es el financiamiento. Muchos proyectos por más buenos que sean quedan archivados por falta de recursos económicos. En cuanto al proyecto de Dios, Él mismo estableció las ofrendas del pueblo como la forma de financiarlo.

A. Las ofrendas

En Éxodo 25:1-7 especifíca las ofrendas que Dios esperaba. Él requería metales, colores (azul, púrpura, carmesí y lino), pelos (cabra, se usaba para tejer las telas para las carpas), ofrendas para el alumbrado, piedras y acacia.

B. Los principios divinos para las ofrendas

Aquí resalta la disposición voluntaria para ofrendar los materiales y servicio para la tienda de reunión. La ofrenda para la casa de Dios no era una contribución o impuesto, sino más bien una ofrenda de buena voluntad (Éxodo 25:2; 35:20-21, 29).

III. Dios definió el propósito del santuario

Todo proyecto divino tiene una razón de ser, está para una función. Debe suplir una necesidad. Tal como se dice: "Siempre tiene que existir un para que…". En este caso Dios es el que tomó la iniciativa, de hacer un tabernáculo para estar en comunión con los suyos.

A. Para que Dios habite entre su pueblo

El objetivo del tabernáculo era permitir que el Señor morara en medio de su pueblo y proveer a los seres humanos un medio de comunión constante con el Dios Santo, (Éxodo 25:8; 29:43-46).

B. Para que Dios se reuniera con su pueblo

Otro de los objetivos del tabernáculo era ser el centro de la vida religiosa, moral y social. La construcción del tabernáculo era para dar seguridad al pueblo de Israel, de la presencia divina. Dios manifestó su gloria de manera visible.

Lección 10: El Tabernáculo: Modelo de un proyecto divino

Hoja de actividad

Versículo para memorizar: "Mira y hazlos conforme al modelo que te ha sido mostrado en el monte" Éxodo 25:40

Identifique los diferentes utensilios y los espacios del tabernáculo poniendo los nombres a cada uno de ellos en el siguiente gráfico.

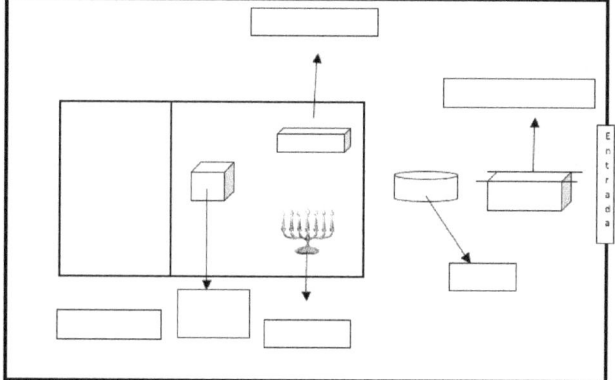

I. Dios diseñó el tabernáculo

¿De quién fue la idea de hacer el tabernáculo? _____

¿Por qué era importante su construcción? _____

¿Por qué hoy no usamos el tabernáculo? _____

II. Dios estableció el financiamiento de la obra

¿De qué manera se iba a financiar la obra? _____

¿De qué meneras se financian los proyectos hoy en día? _____

III. Dios definió el propósito del santuario

Escriba los dos propósitos principales por los cuales se construyó el tabernáculo. _____

¿Qué verdades aprendemos de esta lección? _____

Conclusión

El tabernáculo se hizo, en conformidad con el diseño de Dios, con los medios establecidos por Dios y para el propósito que Él estableció. En la actualidad debemos comenzar los proyectos buscando a Dios y su dirección.

El pacto renovado

Eduardo Velázquez (Argentina)

I. El becerro de oro

Las personas, incluso los creyentes, son propensos a tomar decisiones equivocadas. Estas decisiones afectan el futuro de sus vidas, familias, relaciones personales e inclusive la relación con Dios.

Después de la construcción del becerro la relación del pueblo con Dios se vio afectada y el pueblo estuvo a punto de ser destruido (Éxodo 33:5).

A. Moisés se demoró

Moisés fue convocado por Dios en el monte Sinaí para recibir las tablas de la ley. Pero una vez allí se demoró 40 días; tiempo en el cual el pueblo se impacientó y comenzó a buscar cómo resolver la situación de estar en el desierto sin la dirección de Moisés (Éxodo 31:18-32:6). El pueblo no entendió lo que ocurría y olvidó que Moisés era sólo el instrumento e intérprete de la voluntad divina y fundamentó su confianza en él.

B. El pecado del pueblo de Israel

Ante todo hay que notar que no fue un pecado de apostasía: El pueblo no renegó de su Dios (vv.4-5). Tampoco fue un pecado de apego a las riquezas o de culto al dinero, más bien se desprendieron de las propias joyas para fabricar el becerro (vv.2-3). El pueblo se cansó de seguir a un Dios invisible, por eso pidió: "Haznos un dios que vaya delante de nosotros", querían poner su fe en algo visible y palpable.

II. El enojo de Dios

A. El juicio de Dios

Dios mismo expresó su juicio contra el pecado del pueblo. Puesto que ellos se corrompieron, se apartaron del camino que el Señor les marcó, se hicieron una imagen de Dios y la adoraron, el Señor mismo se distanció de ellos, hablando a Moisés le dijo "...tu pueblo, el que tú sacaste de la tierra de Egipto..." (v.7). Esta reacción de Dios muestra que Él toma las cosas en serio. No se puede andar con ambigüedades o medias tintas. Dios es un Dios celoso (Éxodo 20:5), se le toma o se le deja. No acepta los compromisos a medias.

B. La intercesión de Moisés

Ante esta situación fue importante la intervención de Moisés. Leemos en Éxodo 32:11-13 que se convirtió en el mediador del pueblo que había pecado y ofendido a Dios. Estos versículos contienen una de las más bellas oraciones de la Biblia. Vemos que Moisés trató de aplacar el enojo de Dios, quien se encontraba justamente enojado contra su pueblo.

Lo primero que llama la atención es que Moisés no justificó al pueblo, no presentó excusas, no quitó importancia al pecado cometido, ni tampoco la responsabilidad del pueblo que había pecado.

C. Dios perdonó a su pueblo

Finalmente, leemos: "Entonces Jehová se arrepintió del mal que dijo que había de hacer a su pueblo" (Éxodo 32:14). Es cierto que Dios propiamente no cambia, es inmutable; pero esta expresión (antropomorfismo, cualidad humana atribuida a Dios) nos lleva a darnos cuenta de la importancia de la oración y de su poder para cambiar las diferentes situaciones.

III. Renovación del pacto

Es en esta inefable experiencia de Dios que se encuentra en Éxodo 34:1-7, donde se apoyó la intercesión de Moisés por el pueblo que había roto la alianza. (Éxodo 34:6-7 NVI). Es importante notar que fue Dios quien se dio a conocer a sí mismo.

Moisés intercedió por el pueblo para que este pudiera alcanzar el perdón de su iniquidad y pecado (34:8-9). Y gracias a esta intercesión Dios devolvió al pueblo las tablas de la ley que habían sido destruidas y restauró la alianza que había sido rota (34:10-28).

La experiencia de la intimidad divina se reflejó incluso en el rostro de Moisés. Cuando salió de hablar con el Señor "no sabía Moisés que la piel de su rostro resplandecía..." su rostro irradiaba el resplandor y la luminosidad propia de Dios (34:29).

Para nosotros, cristianos del nuevo pacto, hay esperanza de llegar a esa misma intimidad, o mayor, pues lo que antiguamente se dio sólo a Moisés ahora se ofrece a todo el que acepta el perdón de los pecados (2 Corintios 3:18).

El pacto renovado

Lección 11

Hoja de actividad

Versículo para memorizar: "Y él contestó: He aquí, yo hago pacto delante de todo tu pueblo; haré maravillas que no han sido hechas en toda la tierra…" (Éxodo 34:10a).

I. El becerro de oro

¿Cuál cree que fue la razón de fondo por la que el pueblo pidió a Aarón que construyera el becerro de oro? (Éxodo 31:18-32:6). _____
_____

¿Qué mandamiento transgredió el pueblo de Dios al pedir un becerro para adorar?_____
_____

¿Cuáles son los becerros que la gente se construye hoy día? _____
_____
_____

II. El enojo de Dios

¿Cuál fue la reacción de Dios ante el pecado del pueblo? (Éxodo 32:9-10)._____
_____

¿Cuál fue la actitud de Moisés ante Dios cuando el pueblo pecó? (Éxodo 32:11-13)._____
_____

¿Cuál fue la actitud de Moisés ante el pueblo? (Éxodo 32:19-20)._____
_____

III. Renovación del pacto

¿Cómo se veía Moisés al descender del Monte Sinaí? (Éxodo 34:29)._____
_____

¿Hoy nosotros podemos alcanzar esa misma intimidad con Dios? _____ ¿Por qué? _____
_____

Conclusión

La impaciencia en la respuesta y acción de Dios en nuestras vidas puede llevarnos a tomar decisiones equivocadas y seguir un camino diferente al que la voluntad divina tiene para nosotros. Sin embargo Dios está siempre dispuesto a ayudarnos a reencontrar el camino que hemos perdido y siempre habrá un Moisés intercesor cerca nuestro clamando a Dios por nosotros.

El Tabernáculo: Mandato de una obra

Lección 12

Marco Marroquín (México)

I. La dirección divina

El pueblo de esclavos que salió de Egipto, se convirtió, en una nación escogida por Dios, razón, más que suficiente, para llevar adelante la obra con toda solicitud y precisión.

Sin duda, la construcción del tabernáculo, fue la realización de una de las obras más emblemáticas del Antiguo Testamento; de donde podemos extraer principios que puedan darnos dirección para llevar adelante la obra de Dios en nuestro tiempo.

Cuando se trata de proyectos para la obra de Dios, es indispensable saber qué es lo que Dios quiere, como lo hizo Saulo de Tarso: "Señor, ¿qué quieres que yo haga?" (Hechos 9:6).

A. La obra tuvo su origen en Dios

El valor real del tabernáculo no estaba tanto en el diseño y los materiales como en su propósito: Dios quería habitar en medio de su pueblo. La presencia de Dios entre ellos era real y el tabernáculo era parte de ese testimonio. El Dios que los sacó de la esclavitud, dio a conocer el propósito de su obra salvífica: La comunión con su pueblo escogido.

B. Dios dio instrucciones precisas

Desde el capítulo 25 hasta el 31 de Éxodo, Dios dio a Moisés las instrucciones detalladas para la construcción, no sólo del tabernáculo, sino de todo lo relacionado al mismo.

C. Dios preparó a los obreros

El Señor no sólo le dio a Moisés la orden de construir el tabernáculo, sino que le preparó un equipo de servidores. (Éxodo 35:30-31,34; 36:1). Debemos aprender a dar lugar a obreros fieles que el Señor ha llamado para su obra (Mateo 9:37-38).

II. La fidelidad del liderazgo

En muchos ámbitos la crisis de liderazgo es evidente, aún en el religioso. Pero más alarmante es la falta de valores en el liderazgo. El líder a quien Dios da a conocer sus planes, es ante todo, un siervo fiel. A Moisés, se le menciona como "siervo de Jehová" (Deuteronomio 34:5).

A. Enseñanzas sobre el servicio de Moisés

El servicio de Moisés incluyó características como la buena comunicación, la delegación, la buena administración, la supervisión, etc.

B. "Como Jehová había mandado"

La expresión "Como Jehová había mandado" y derivados aparecen aproximadamente 24 veces en nuestro pasaje de estudio (Éxodo 35-40). El cuidado de Moisés y de todos los que participaron y trabajaron en la obra, para que esta fuera hecha "como Jehová había mandado", denota la humildad y obediencia ante la voluntad de Dios y al líder que dirigía la obra.

III. El compromiso del pueblo

Una clave fundamental para el éxito de la obra es el compromiso del pueblo de Dios. ¿De qué maneras se manifestó esa clase de compromiso? Destaquemos al menos tres:

A. Respaldo al liderazgo

Desde el momento en que Moisés convocó a los hijos de Israel, obtuvo una respuesta unánime (35:1,20). No hay mayor bendición para la obra que el apoyo de personas que están dispuestas a realizar aquello que agrada a Dios.

B. Un corazón generoso

Se hizo una invitación al pueblo a que de y la respuesta no se dejó esperar, (Éxodo 35:5,29). "Corazón generoso", "corazón voluntario" son ideas claves para comprender el compromiso financiero de los hijos de Dios, la ofrenda es una expresión del corazón a Dios (2 Corintios 9:7). Lo que leemos en Éxodo 36:2-7, sorprende a cualquiera. Cuando en la congregación hay corazones dispuestos a contribuir, jamás hay necesidad en su obra.

C. Disposición al servicio

Toda la obra del tabernáculo fue posible, gracias a la disposición de servir de todos los hijos de Israel (Éxodo 39:32). El servicio es el corazón de toda gran obra. No podremos ser más grandes de lo que estemos dispuestos a servir.

El Tabernáculo: Mandato de una obra

Lección 12

Hoja de actividad

Versículo para memorizar: "Y vio Moisés toda la obra, y he aquí que la habían hecho como Jehová había mandado; y los bendijo" Éxodo 39:43.

I. La dirección divina

¿Cuál fue el valor real del tabernáculo? _____
_____
_____

Para usted, ¿cuál sería la importancia de las instrucciones que Dios le dio a Moisés para realizar la obra? ____
_____
_____

II. La fidelidad del liderazgo

Escriba cuáles fueron las cualidades que se mencionan de Bezaleel y Aholiab (Éxodo 35:30-35). _____
_____
_____

Escriba una de las enseñanzas para el liderazgo que más llame su atención. _____
_____
_____

III. El compromiso del pueblo

¿De qué maneras manifestaron los hijos de Israel su compromiso con lo que Jehová había mandado a Moisés?
_____
_____

¿De qué manera podemos manifestar hoy nuestro compromiso con Dios? _____
_____
_____

Conclusión

La dirección de Dios, la fidelidad en el liderazgo y el compromiso del pueblo fueron los principios fundamentales en la construcción del tabernáculo, ¿el resultado? ¡La gloria de Dios descendió! No es secreto que cuando tomamos en cuenta estos principios gozamos del favor de Dios.

La consolidación de un pueblo

Patricia Picavea (Guatemala)

I. Nacimiento y formación de Moisés

En los últimos capítulos de Génesis (46-47) leemos la historia de Jacob y su familia llegando a Egipto debido a la hambruna que había en Canaán. Años después las políticas respecto a los israelitas cambiaron drásticamente. Nadie imaginó que en medio de la opresión y esclavitud, Dios levantaría un líder.

Moisés fue educado como egipcio, pero a pesar de eso él sentía israelita. Frente a lo sucedido en el relato de Éxodo 2:11-15 huyó a Madián, lejos de los lujos y el poder.

El sacerdote de Madian, también conocido como Jetro tenía siete hijas que cuidaban sus ganados (Éxodo 2:16). Moisés las conoció cuando unos pastores las atacaron y él las defendió. Como resultado de este hecho, Moisés encontró una familia y una esposa (Éxodo 2:16-22).

Muchos años después Dios se le apareció a Moisés y lo envió a salvar a su pueblo pero él no estuvo de acuerdo de inmediato con el plan de Dios (Éxodo 3) pero finalmente aceptó (Éxodo 4:14-15).

II. La salida de Egipto

A. Moisés fue encomendado

Moisés se lanzó a una nueva experiencia que marcaría profundamente su vida, (Éxodo 4:18-26).

Moisés tuvo una experiencia extraordinariamente reveladora de parte de Dios, quien le dio a conocer su plan para liberar al pueblo de Israel de la esclavitud en Egipto y en el cual él sería parte importante de su ejecución.

Moisés junto a su hermano Aarón (según las instrucciones de Dios) se presentaron ante la autoridad máxima del gobierno egipcio, el Faraón. Su carta de presentación fue clara (Éxodo 5:1b). El mensaje de Dios desafió la autoridad del Faraón y de los dioses egipcios ya que no era una solicitud, sino que se le estaba dando una orden.

Ante el orgullo y la obstinación del Faraón, Dios prometió a Moisés y a Aarón la demostración de obras poderosas con despliegue de señales y maravillas, en correspondencia con la ejecución de juicios sobre Egipto (Éxodo 7:8-9).

Es de vital importancia estar conscientes de que cada una de las plagas representaba alguna de las divinidades que adoraban los egipcios.

B. La Pascua

La superioridad del poder de Jehová sobre los dioses egipcios, el Faraón y su pueblo, ya había sido manifiesta, con la Pascua comenzó la salida de Egipto. Aún cuando quizás al principio el pueblo no entendió el verdadero propósito de lo que aquello significaba, esta liberación ocupó un lugar central en todos los órdenes del desarrollo que alcanzó el pueblo de Israel posteriormente. Esta liberación constituyó una afirmación contundente de la superioridad de Dios sobre los dioses adorados por los egipcios y su religión politeísta.

III. La vida en el desierto

En el Sinaí Dios dio a Moisés "Los Diez Mandamientos". Luego Dios mandó a levantar el tabernáculo que simbolizaba la presencia de Dios en medio del pueblo (Éxodo 2:8).

Al estar Moisés en el Sinaí el pueblo pecó infringiendo el segundo mandamiento del decálogo (Éxodo 20:4-6). Y gracias a la intercesión de Moisés Dios los perdonó y devolvió al pueblo las tablas de la ley que habían sido destruidas y restauró la alianza que había sido rota (32:14;34:10-28).

VI. Construcción del tabernáculo

En Éxodo 25 al 31, leemos que Dios dio a Moisés las instrucciones detalladas para la construcción, no sólo del tabernáculo, sino de todo lo relacionado al mismo.

El Señor no sólo le dio a Moisés la orden de construir el tabernáculo, sino que le preparó un equipo de servidores (Éxodo 35:30-31,34; 36:1).

Para comenzar la construcción del tabernáculo Moisés pidió al pueblo ofrendar (Éxodo 35:5). y la respuesta no se dejó esperar (v.29).

Una clave fundamental para el éxito de la obra es el compromiso del pueblo de Dios. La participación del pueblo en la realización de la tarea no es imperceptible, no es pasiva, ni contemplativa. Observe la expresión en Éxodo 39:42. Aunque, observamos sobresalir algunos nombres, la obra como tal, fue resultado del compromiso total del pueblo de Dios (Éxodo 35:20-21).

La consolidación de un pueblo

Lección 13

Hoja de actividad

Versículo para memorizar: "Ahora, pues, si diereis oído a mi voz, y guardareis mi pacto, vosotros seréis mi especial tesoro sobre todos los pueblo; porque mía es la tierra" Éxodo 19:5.

I. Nacimiento y formación de Moisés

¿Bajo qué condiciones nació y se crió Moisés? (Éxodo 1-2:10). _____

¿Cómo fue el llamado de Moisés? (Éxodo 3:1-7). _____

II. La salida de Egipto

¿Se ha enfrentado a alguna situación en la que tuvo que poner toda su confianza en Dios y esperar los resultados? _____

¿Qué significado tenían las plagas para los egipcios? _____

¿Mencione las diez plagas? _____

III. La vida en el desierto

¿Cómo eran guiados en el desierto? (Éxodo 13:17-22). _____

¿Valió la pena la intercesión de Moisés? ¿Qué tanto intercede la iglesia hoy? _____

VI. Construcción del tabernáculo

¿Por qué pidió Dios la construcción del tabernáculo? _____

¿Necesitamos del tabernáculo hoy? ¿Por qué? _____

Conclusión

¿Qué enseñanza dejó el estudio de Éxodo a su vida? _____

El respeto mutuo

Lección 14

Carlos Parada (Guatemala)

I. La libertad humana: Un derecho exigido por Dios

La creación de Adán y Eva, fue hecha a "imagen y semejanza de Dios", por lo que nacemos, desde la perspectiva de Dios, libres e iguales en derechos y obligaciones para con el resto. En esta lección veremos como presentan estos temas la Biblia y algunos artículos de los Derechos Humanos.

Los Derechos Humanos, fueron aprobados por la asamblea general de La Organización De Las Naciones Unidas (ONU) en el año 1948, luego de dos guerras mundiales que costaron millones de vidas humanas. La ONU, no hizo más que reconocer lo que Dios en la Biblia había establecido con muchos años de anticipación. En este punto haremos referencia a los artículos de los Derechos Humanos 1, 4 y 29.

A. La libertad del ser humano

Fuimos creados por Dios libres, por lo que es una necesidad en cada persona gozar de esa libertad. La esclavitud se ha practicado y se practica en contra de la voluntad de Dios. Las leyes de la mayoría de estados en el mundo han abolido la esclavitud y penan cualquier condición semejante. En las constituciones políticas de la mayoría de los países, se ha establecido un capítulo que vela por el cumplimiento de los Derechos Humanos.

B. El año del jubileo y la remisión

Estas dos instituciones fueron paliativos para mejorar las condiciones de vida de aquellos que por razones diversas habían sido esclavizados, por deudas, guerras, etc. No era, ni es el plan de Dios, que se menoscaben los valores humanos, menos en el pueblo de Dios que era responsable de promover y enseñar estos principios fundamentales con todos los que se relacionaban.

II. La humanidad ante el trato cruel

En este punto haremos referencia al artículo 5 de los Derechos Humanos.

A. El trato a las personas

Es por medio de la Biblia, que Dios, dio a conocer su interés en que no se someta o lastime injustamente a las personas. Ninguna persona o estado tiene derecho de lastimar deliberadamente a otros (Éxodo 12:48-49; 23:3,9 11; Levítico 14:21; 19:10,15; Deuteronomio 15:11; 24:12,14). No hay razón que justifique la discriminación, explotación, la marginación, la desigualdad y la restricción de la libertad en cualquier forma.

B. El salario justo

Toda persona tiene la necesidad de alimentarse así misma y a los suyos. Por eso las personas trabajamos; esa es la causa que llevó a Dios mismo a ordenar que por ninguna razón el salario de una persona sea retenido, por ser la fuente de su sustento y satisfacción de sus propias necesidades juntamente con las de su familia (Levítico 19:13; Deuteronomio 24:14,15; Jeremías 22:13). No podemos negar y menos ignorar que además del salario, se deben dar las vacaciones y se deben pagar las prestaciones laborales del trabajador, aunque sea trabajador en oficios domésticos, mensajero, jornalero, etc. (Job 7:2; Zacarías 7:8-10; Malaquías 3:5) son derechos que toda persona tiene sin importar su condición.

III. El orden social y la fraternidad

En este punto haremos referencia a los artículos de los Derechos Humanos 1, 2 y 28

A. Debemos amarnos unos a otros

El amor nos ayudará a vivir pacíficamente en la sociedad de la cual formamos parte (Romanos 12:10; Gálatas 5:13-14; Santiago 2:1; 1 Pedro 1:22). Debemos enseñar a las nuevas generaciones el amor y respeto al prójimo.

B. Debemos aprender a convivir

Es importante aprender a convivir con todas las personas sin importar las diferencias individuales o sociales (Malaquías 2:8-10; Romanos 12:18). La arrogancia de ciertos grupos que se creen más importantes que otras ha llevado a guerras y pleitos entre países.

El respeto mutuo

Lección 14

Hoja de actividad

Texto para memorizar: "Ya no hay judío ni griego; no hay esclavo ni libre; no hay varón ni mujer; porque todos vosotros sois uno en Cristo Jesús" Gálatas 3:28.

I. La libertad humana un derecho exigido por Dios

¿Quién fue el primero en instituir los Derechos Humanos? _____

¿Por qué cree que sería importante el practicar dichos derechos? _____

Defina las siguientes palabras:

Remisión (Deuteronomio 15:1-2,9; 31:10): _____

Jubileo (Levítico 25:10-13) _____

II. La humanidad ante el trato cruel

¿Por qué debo respetar el derecho de las demás personas? _____

¿Qué tan importane es pagar el salario y hacerlo a tiempo, Levítico 19:13; Deuteronomio 24:14,15; Jeremías 22:13? _____

III. El orden social y la fraternidad

¿Es una opción o un mandamiento amar a mi prójimo, Romanos 12:10; 13:10; Gálatas 5:13-14; Santiago 2:1;1 Pedro 1:22? _____

¿Cómo cristiano(a) como puedo promover la armonía social? _____

¿En qué ayuda conocer los Derechos Humanos a la luz de la Biblia? _____

Conclusión

Habiendo sido creados por Dios a su imagen y semejanza, la libertad es inherente a toda persona. No hay razón para discriminar, esclavizar, abusar o explotar en cualquiera de sus formas a persona alguna.

Tenemos garantías individuales

Lección 15

Denis Espinoza (Nicaragua)

I. Dios y el clamor ante la injusticia

La iglesia, (basada en las Sagradas Escrituras) debe irradiar luz para orientar y defender a las personas que pudiesen ser víctimas de los sistemas de justicia imperantes en cada uno de nuestros países.

A. ¿Qué es la injusticia?

Injusticia es la antítesis de la justicia. Con ese término nos referimos a las acciones de robo o saqueo hecho con violencia y daño contra el prójimo. La injusticia tiene la característica de ser pecado (1 Juan 5:17) y delante del señor es una abominación (Deuteronomio 25:16). La injusticia también tiene la característica de ser opresión y esclavitud para la gente que la sufre.

B. Dios rechaza la injusticia

La Biblia expresa que Dios es justo, ama la justicia, en Él no hay injusticias y no acepta la injusticia (2 Crónicas 19:7; Job 34:12; Salmo 11:7; 92:15; Romanos 1:18; 2:6-8). Una y otra vez se nos dice en la Palabra de Dios que el pueblo clamó en medio de la aflicción y opresión y que Dios escuchó dicho clamor y respondió ayudando y liberando a su pueblo y a sus siervos, rompiendo las cadenas de opresión, dando libertad y bienestar (Éxodo 3:7,17; 4:31; Jueces 6:6-8; Santiago 5:4).

II. La responsabilidad de la autoridad

En este punto haremos referencia a los artículos de los Derechos Humanos 6, 7 y 8.

A. Las autoridades según Dios

Dios delegó su poder en las autoridades para el bienestar público. Él las estableció con el santo propósito de que sirvan a la población (Romanos 13:1).

El soberano Dios, fue el originador de todo poder y a la vez el supremo gobernador del universo. La voluntad de nuestro buen Dios es que hayan autoridades buenas, sanas y justas.

El papel de la autoridad consiste en: Mantener el orden, contribuir con la paz social y el bien común, ser vigilantes para actuar con justicia y legislar para el beneficio del pueblo.

B. Las autoridades según el sistema del mundo

Lamentablemente el mundo se rige por sus deseos egoístas y no piensa en el bienestar de los otros por esta razón encontramos que por lo general las autoridades presentan las siguientes características: Son crueles, se apacientan a sí mismas y actúan sin equidad.

III. Las responsabilidades del individuo

En este punto haremos referencia a los artículos de los Derechos Humanos 9, 10 y 11.

A. La doble ciudadanía

Ciudadano del reino de Dios

En el sermón del monte hallamos los principios que rigen a los miembros Reino. Ellos se rigen por principios morales, espirituales y sociales. El fruto del Espíritu (Gálatas 5:22-23), es el resultado natural de un hijo o hija de Dios en su calidad de ciudadano o ciudadana del reino de los cielos (Filipenses 3:20).

Ciudadano de su respectivo país

En la carta Magna (Constitución Política) de cada país se hallan los principios, garantías, deberes y derechos que tiene el ciudadano y éstos deben ser respetados.

B. Pablo, el ciudadano romano

La ciudadanía romana podía ser obtenida por: Adopción, por méritos de guerra o sobornando los funcionarios para obtener ese privilegio. Pablo, aunque era judío, nació en Roma por lo cual era un ciudadano romano por nacimiento (Hechos 22:28).

El apóstol aprovechó su ciudadanía porque le daba las ventajas de: No recibir nunca tortura, ni penas como la crucifixión o la flagelación. Además no podía ser castigado sin juicio previo y sólo podía ser juzgado por tribunales romanos, con un jurado en casos civiles y con el representante de Roma en asuntos criminales.

El apóstol Pablo reclamó sus derechos de ciudadano romano en varias ocasiones, (Hechos 16:37; 22:25; 25:11-12).

Tenemos garantías individuales

Hoja de actividad

Versículo para memorizar: "¡Ay de los que dictan leyes injustas, y prescriben tiranía…" Isaías 10:1.

I. Dios y el clamor ante la injusticia

Defina injustica. _____
_____

¿Qué le dicen los siguientes pasajes sobre el tema?
2 Crónicas 19:7 _____
Job 34:12 _____
Salmo 11:7_____
Salmo 92:15 _____
Romanos 1:18 _____
Romanos 2:6-8 _____

II. Las responsabilidades de las autoridades

¿Cuál cree que es el papel de las autoridades según Dios? _____
_____

¿Las autoridades según el sistema del mundo, cumplen con lo que Dios demanda para ellos? Mencione algunos ejemplos. _____
_____

III. Las responsabilidades del individuo

¿Cuáles son las dos ciudadanías del cristiano? _____
_____

Mencione los deberes del cristiano ante de Dios y su país._____
_____

¿Por qué cree que el apóstol Pablo reclamó sus derechos como ciudadano romano? _____
_____

Conclusión

Sujetarnos a lo que Dios nos ha establecido en su bendita Palabra nos ayuda en nuestra calidad de ciudadanos de nuestros respectivos países, pues seguir el consejo de Dios nos facilita obedecer a las autoridades civiles establecidas por Él.

Un lugar donde vivir

Lección 16

Eudo Prado (Venezuela)

I. La nacionalidad

Sin duda alguna, la libertad humana es uno de los mayores dones de Dios y está relacionada básicamente al hecho de poder tomar decisiones por voluntad propia. Escoger voluntariamente un lugar donde vivir es una expresión básica de esa libertad. Pero algunas veces las personas son compelidas a cambiar de lugar de residencia sin tomar en cuenta su libre determinación.

Todos los seres humanos pertenecemos a una nación o pueblo en particular. El derecho a tener una nacionalidad, así como la libertad propia para cambiarla, ha sido consagrado en el artículo 15 de la Declaración Universal de los Derechos Humanos. La ciudadanía nos otorga derechos reconocidos universalmente, por lo cual, es sumamente necesario que entendamos claramente su importancia.

A. El don de Dios de poseer una nacionalidad

La Biblia nos muestra el origen de las naciones, en Génesis 10, cuando después del diluvio los descendientes de Noé se esparcieron sobre la tierra. Más adelante, nos indica la formación del pueblo de Israel a partir de la descendencia de Jacob.

B. Los beneficios de poseer una nacionalidad

Poseer una nacionalidad, nos otorga una serie de beneficios de los cuales no podemos ser privados por capricho de nadie. Cada país posee un sistema jurídico relacionado con la ciudadanía. Como cristianos tenemos la responsabilidad de cumplir cabalmente con ese orden legal, (Lucas 20:25).

II. El inmigrante

Algunas circunstancias fortuitas, o simplemente el deseo de superación, motivan a las personas a cambiar de lugar de residencia. El "derecho a circular libremente y a elegir su residencia" es otra prerrogativa humana fundamental que deseamos estudiar a través de esta lección (artículo 13 de la Declaración Universal de los Derechos Humanos). La historia de Rut es sumamente apropiada para el estudio de esta parte de la lección.

A. El caminar de un inmigrante

Noemí, oyendo que el hambre en Israel había pasado, decidió emprender el camino de regreso. En realidad, las perspectivas para la vida futura de Noemí no eran las más prometedoras. La historia es sumamente descriptiva de las crisis profundas que llegan a padecer las familias migrantes.

B. La sensibilidad con el inmigrante

La plena conciencia de Booz, de que al actuar con misericordia con Rut cumplía la voluntad de Dios está expresada en Rut 2:12. Pero los cristianos, no necesitamos tener un nexo de consanguinidad para hacer el bien a las personas (Colosenses 3:14).

III. El asilo

El artículo 14 de la Declaración Universal de los Derechos Humanos consagra el derecho que tiene toda persona "...a buscar asilo, y a disfrutar de él, en cualquier país". Cuando una persona inocente es perseguida, tiene derecho a procurar dicha protección. La Biblia también habla de este derecho de asilo o refugio, en casos de homicidio involuntario (Números 35:11-15).

A. Un lugar que protege al inocente

El asilo procura proporcionar un lugar donde el perseguido pueda vivir protegido. Al concedérsele el asilo a un determinado individuo, las autoridades de la nación que lo reciben están obligadas en adelante a resguardar su integridad. Es importante recordar que el derecho de asilo no puede ser invocado en caso de delitos comunes.

B. Una comunidad que protege al inocente

Es importante recordar que la ley mosaica había reglamentado cada posible situación y los jueces tenían un patrón legal adecuado por el cual guiarse (v.24). Es necesario que conozcamos las leyes que se refieren a nuestros derechos fundamentales, con el fin de que los defendamos en caso de ser necesario, y no suframos abuso por ninguna causa.

Un lugar donde vivir

Lección 16

Hoja de actividad

Versículo para memorizar: "He aquí, yo estoy contigo, y te guardaré por donde quiera que fueres, y volveré a traerte a esta tierra; porque no te dejaré hasta que haya hecho lo que te he dicho" Génesis 28:15.

I. La nacionalidad

¿En qué pasaje de la Biblia se nos muestra el origen de las naciones? _____

¿Estamos cumpliendo con los requerimientos legales de nuestra ciudadanía? _____

¿Cuáles son los beneficios de poseer una nacionalidad? _____

II. El inmigrante

¿Cuál cree que es el estado emocional de las personas migrantes? _____

¿Qué acciones puede tomar nuestra iglesia local para contribuir a remediar el sufrimiento de las familias migrantes? _____

III. El asilo

¿Qué se busca a través del asilo? _____

¿Es necesario conocer las leyes que se refieren a nuestros derechos? ¿Por qué? _____

Conclusión

La libertad humana se expresa básicamente en poder movilizarnos por libre decisión y vivir donde queramos. Esto es parte de nuestros derechos humanos fundamentales, y debemos estar preparados para defenderlos. Por otro lado los cristianos debemos tener actitudes bondadosas hacia las personas inmigrantes y refugiadas.

¡Derechos!, ¿y los deberes?

Oscar Villanueva (El Salvador)

I. Los derechos quebrantados

En esta lección nos enfocaremos en los artículos 3 y 12.

A. Ejemplos trágicos

El sentido de los artículos mencionados es claro, sin embargo, para captar más profundamente su importancia y valor (por la vía del contraste) es necesario mencionar un suceso histórico contextual cercano a su promulgación en Francia; como lo fue la Segunda Guerra Mundial ocurrida en los años 1939 – 1945, que mostró un escenario de gran destrucción y muerte, especialmente el holocausto judío en el que murieron seis millones de judíos, habiendo sido objeto de los más crueles vejámenes a la dignidad humana.

B. El factor pecado

El horror de la Segunda Guerra Mundial y las prácticas contra la dignidad humana en muchas partes del mundo ejemplifican los resultados de lo que la Biblia llama pecado. El origen del pecado humano lo encontramos en Génesis 3 y más tarde el apóstol Pablo escribió: "Por tanto, como el pecado entró en el mundo por un hombre y por el pecado la muerte, así la muerte pasó a todos los hombres, por cuanto todos pecaron" (Romanos 5:12).

El pecado ha incidido directamente en el irrespeto a la privacidad e integridad física, mental, moral y espiritual de las personas y en algunos casos también ha pervertido el sentido de los Derechos Humanos en la mente de muchas personas.

II. El génesis de los derechos

A. Su origen

Dios instituyó el matrimonio del hombre y la mujer en base al cual se formaría la familia y el hogar. Evidentemente el designio de Dios es que en el hogar, el ser humano (hombres y mujeres) logren la realización de los derechos primarios que estamos considerando, pero también los deberes que estos implican.

B. Deberes y derechos

Una buena integración e interacción de la familia conlleva un óptimo desarrollo humano. Es en el ambiente familiar donde se establecen y cultivan las bases de la convivencia humana como el respeto a la individualidad que incluye la privacidad y dignidad de cada uno de sus miembros por derecho y por deber. Hoy día sin embargo lo que más se observa en los hogares son relaciones egoístas, superficiales y conflictivas. Esta triste realidad de las familias en general trasciende y es la causa principal del deterioro moral y espiritual de la sociedad postmoderna.

III. Promotores de la dignidad y el respeto al prójimo

A. Un hecho histórico relevante

La Organización de las Naciones Unidas (ONU) reconoció a Israel como estado libre y soberano con un territorio propio el 10 de Mayo de 1948. Este hecho da relevancia y ejemplifica notoriamente no sólo el sentido práctico de los derechos en estudio, pero también asienta las bases para establecer un marco de referencia respecto al derecho de los pueblos a ser protegido por las leyes internacionales garantizando su existencia, libertad, seguridad, desarrollo y respeto a su integridad.

B. Creación de sistemas pro-Derechos Humanos

La iglesia cristiana es una institución divino-humana por excelencia, creada por Dios. Esta se encuentra sustentada en la encarnación del hijo de Dios, lo cual enaltece y dignifica la naturaleza humana a su máxima expresión.

C. La gran prioridad: Los deberes humanos

Jesús reconoció los derechos de las personas, (Lucas 6:31), pero también hizo notar la implicación de los deberes. Los cristianos estamos llamados a modelar a Jesús en nuestras vidas (1 Juan 2:6). Si cada cristiano enfocara su vida en sus "deberes humanos" indudablemente su impacto en el mundo sería mucho más grande que el de las organizaciones que hacen su parte en esta área.

¡Derechos!, ¿y los deberes?

Lección 17

Hoja de actividad

Versículo para memorizar: "Y como queréis que hagan los hombres con vosotros, así también haced vosotros con ellos" Lucas 6:31.

I. Los derechos quebrantados

Mencione un hecho en que se hayan violados los Derechos Humanos. _____
_____
_____

¿Piensa que el pecado tiene algo que ver con la violación de los Derechos Humanos en el mundo? ¿Por qué?
_____
_____
_____

II. El génesis de los derechos

Teológicamente, ¿en dónde piensa que se originaron los Derechos Humanos? _____
_____
_____

¿Quiénes deberían ser los primeros en cumplir los Derechos Humanos? _____
_____
_____

III. Promotores de la dignidad y el respeto al prójimo

¿Qué enseñanza nos dejó Jesús en cuanto a los Derechos Humanos? _____
_____
_____

¿Qué ejemplo práctico podría poner de Lucas 6:31? _____
_____
_____

¿Quiénes son los llamados a seguir su ejemplo? _____
_____

Conclusión

Terminaremos diciendo que el derecho a la vida, a la libertad, a la seguridad y el respeto a la dignidad humana son parte del designio de Dios para el ser humano y son vitales para su desarrollo.

Derecho a la familia y a la propiedad

Orlando Serrano (EUA)

I. El derecho a desarrollar un sistema de vida familiar

Los artículos 16 y 17 son dos de los 30 artículos de la Declaración Universal de Derechos Humanos. En ellos se enfatiza el derecho de los individuos a fundar su propia familia y a la propiedad personal y colectiva.

La Declaración Universal de Derechos Humanos (artículo 16) se queda corta de admitir que es Dios quien instituyó la familia y que nuestro derecho se deriva del Creador (Génesis 1:28).

Esta comienza con la unión matrimonial de un hombre y una mujer (Génesis 2:18, 24; Proverbios 18:22; Hebreos 13:4). En nuestros días se habla del derecho a la familia pero no necesariamente siguiendo el modelo de Dios.

A. El derecho al desarrollo del sistema familiar

La formación de la familia en orden es una mandato en la Palabra de Dios (1 Corintios 7:1-2; 1 Tesalonicenses 4:1-4). El asunto no es si vamos a formar una familia o no, sino que clase de familia vamos a formar. Estamos viviendo tiempos en los que la familia descrita en la Biblia (esposo, esposa e hijos) está en proceso de extinción. El derecho a formar una familia no está condicionado a niveles sociales o políticos adecuados. Cuando el pueblo de Israel se encontraba cautivo en Babilonia Dios los animó a formar familias (Jeremías 29:4-7). Dios espera que aun bajo regímenes que oprimen al pueblo (como lo era el imperio babilónico), el derecho a desarrollar un sistema familiar sea respetado.

B. Los hijos

Los hijos son considerados una bendición de Dios y hacen que una pareja se convierta en una familia (Salmo 128:1-3). Los hijos son "herencia de Jehová" y los padres tienen la responsabilidad de darles dirección.

II. Principios para la familia

A. La esposa

Según la carta a los Efesios la esposa debe estar sujeta a su marido (Efesios 5:22-24). La idea de sujeción no es del todo popular en nuestros días. La sumisión no es una obediencia ciega, sino más bien aceptación con placer del cuidado de su esposo como cabeza.

B. El esposo

El esposo por su parte debe amar a su esposa como Cristo amó a su iglesia (Efesios 5:25-33). El amor del esposo por la esposa debe ser progresivo. De acuerdo al apóstol Pablo es responsabilidad del esposo hacer que su esposa luzca radiante y bella. Este tipo de amor implica sacrificio, autoentrega por el bien de la persona amada. Si ser cabeza representa poder, entonces este es poder para proteger no para destruir, poder para servir no para dominar, poder para facilitar la autorealización no para destruirla.

C. Responsabilidad de padres e hijos

El deber de los hijos hacia los padres es obedecerlos "porque esto es justo" (Efesios 6:1-4). La implicación aquí es que los padres no deben ceder su responsabilidad a nadie más y deben invertir tiempo con sus hijos para conocerlos y ofrecerles su consejo cuando lo necesiten y traerlos de nuevo al camino recto cuando estos se estén desviando de él.

III. El derecho a la propiedad

El artículo 17 se refiere específicamente al derecho a la propiedad.

A. La realidad actual

La opresión y explotación de los débiles es algo a lo que tristemente hemos desarrollado cierta indiferencia. Nos molesta ver las injusticias pero no nos duele como debería (Eclesiastés 5:8-9).

B. Un modelo ideal para el pueblo cristiano

En el capítulo cuatro de Hechos se describe la vida de los primeros cristianos (Hechos 4:32, 34-35). Esta vida era caracterizada por una vida en comunidad y se velaba por todas las necesidades. Este ofrece a la iglesia de Cristo un modelo ideal para cuidar de los necesitados dentro de la comunidad cristiana.

Derecho a la familia y a la propiedad

Hoja de actividad

Versículo para memorizar: "Si Jehová no edificare la casa, en vano trabajan los que la edifican; si Jehová no guardare la ciudad, en vano vela la guardia" Salmo 127:1.

I. El derecho a desarrollar un sistema de vida familiar

Mencione el tema principal de los siguientes pasajes: Génesis 2:18,24, 24:55-60; Proverbios 18:22; I Corintios 7:1-4 y Hebreos 13:4. _____

Mencione a lo menos dos responsabilidades de los padres hacia los hijos (Salmo 127:3-4). _____

II. Principios para la familia

¿Qué es lo primero que viene a su mente cuando lee, "Las casadas estén sujetas a sus maridos" (Efesios 5:22)? _____

¿Por qué cree que el apóstol Pablo enfatizó la sujeción de la esposa y el amor del esposo (Efesios 5:22 y 25,28)? _____

¿De qué manera pueden los padres "provocar a ira" a los hijos? _____

III. El derecho a la propiedad

¿Cree que nos hemos acostumbrado a vivir con las injusticias de los poderosos? (Eclesiastés 5:8-9; Isaías 5:8). Explique _____

¿Qué relevancia tiene para nosotros hoy la profecía de Miqueas 4:4? _____

¿Qué podemos rescatar de Hechos 4:32,34-35? Explique. _____

Conclusión

El derecho a la familia y a la propiedad son derechos inalienables otorgados por Dios como una bendición para los seres humanos al tiempo de la creación. La iglesia debe levantar su voz profética para denunciar las injusticias y procurar la igualdad para todas las personas.

Lección 19: Creyendo con valentía y libertad

Eudo Prado (Venezuela)

I. Libertad de practicar y enseñar nuestras creencias

La libertad para que el hombre exprese sus creencias y sus opiniones se empezó a reglamentar aún antes de la era cristiana. Sin embargo, tal libertad ha sido amenazada históricamente por diferentes factores, como la intolerancia religiosa, regímenes políticos autoritarios, etc. Artículos 18, 19 y 20 de la Declaración Universal de los Derechos Humanos.

La primera cosa importante que debemos cuidar los cristianos en el ejercicio de nuestra libertad religiosa es mantener una conducta integra. Esto afirma nuestro derecho y contribuye al progreso del testimonio cristiano.

A. Afirmando el derecho a practicar nuestra fe

En Hechos 25:6-12 se expone cómo el apóstol Pablo afirmó ante un tribunal romano los derechos de practicar libremente sus creencias. Pablo indicó que obedecía a su conciencia y las profundas convicciones de su experiencia con Cristo. Como ciudadano romano, Pablo tenía una salvaguarda mayor de sus derechos individuales que como un simple judío. Él afirmo esos derechos con una firme determinación, y esto nos proporciona una enseñanza muy importante sobre este asunto para la actualidad.

Nosotros, podemos pasar también por la presión intensa de quienes se oponen a nuestras creencias, o pretenden limitar nuestro derecho a practicarlas. Algunas veces, tal presión viene de otros grupos religiosos y en otras ocasiones de gobiernos autoritarios que no respetan los derechos ciudadanos. Sin embargo, sea cual fuere nuestra situación, nunca debemos claudicar. Fue imposible para los acusadores judíos reprobar legalmente la conducta integra de Pablo (Hechos 25:8). Esto nos recuerda que, una conducta integra nos da autoridad suficiente contra cualquier calumnia o falso testimonio en contra nuestra.

Pero más allá de la seguridad que le proporcionaba a Pablo la certeza de no haber faltado en modo alguno a la ley, su profunda paz radicaba en la promesa de protección recibida directamente de Cristo, (Hechos 26:16-18).

B. Difundiendo correctamente nuestras creencias

¡Que maravillosa oportunidad tuvo Pablo para dar testimonio de Cristo a estas personas tan importantes y generalmente inaccesibles para el común de los cristianos! No protestemos nunca a Dios por las situaciones apremiantes que atravesamos en el ministerio, pues muchas veces esconden su sabio propósito. Más bien, oremos para que tales situaciones redunden para la gloria del Señor y el extendimiento de su Reino (Hechos 25:23-27).

Pablo se dirigió a sus acusadores con mucha cortesía y respeto, a pesar de las provocaciones e insultos (Hechos 26:2,25). El resultado fue que ganó en cierta forma la condescendencia de todos, hasta del mismo rey Agripa (Hechos 26:30-32). Todas aquellas personas quedaron impactadas por la vehemencia y profunda convicción de su testimonio.

II. Libertad de expresarnos y opinar sobre la realidad

Los cristianos tenemos el derecho y también el deber, de expresar una palabra importante sobre muchos aspectos de la vida, no solamente sobre los asuntos religiosos (artículo 19).

A. Libertad para denunciar la maldad

En Lucas 11:37-12:3 Jesús denunció no sólo a los aspectos religiosos sino a como las acciones de estos líderes afectaban negativamente la vida del pueblo. En los "ayes" de Jesús, se nota que la perversidad de la hipocresía de los fariseos era un instrumento poderoso para practicar la injusticia hacia los más débiles del pueblo.

B. Libertad para confiar nuestra conciencia a Dios

Jesús mandó a sus discípulos a no tener miedo de denunciar la injusticia (Lucas 12:4-5). La integridad de nuestras opiniones se fundamenta en el cumplimiento de la voluntad de Dios, pues es a Él a quien debemos dar cuenta de todas nuestras acciones.

Lección 19: Creyendo con valentía y libertad

Hoja de actividad

Versículo para memorizar: "Y Pablo dijo: ¡Quisiera Dios que por poco o por mucho, no solamente tú, sino también todos los que hoy me oyen, fueseis hechos tales cual yo soy, excepto estas cadenas!" Hechos 26:29.

I. La libertad de practicar y enseñar nuestras creencias

¿Cree que es algo importante para el ser humano el poder enseñar y practicar sus creencias? ¿Por qué? _____

¿Es posible esto en nuestro país? _____

¿En qué se fundamentaba la paz de Pablo (Hechos 26:15-18)? _____

¿Cree que usted ha perdido la oportunidad de edificar a otros con el evangelio, por no expresar el mensaje de Cristo con las palabras y actitudes correctas? Explique su respuesta. _____

II. La libertad de expresarnos y opinar sobre la realidad

¿Cuál actitud debemos asumir los creyentes ante las situaciones de injusticia y maldad? _____

Según Jesús ¿Cuál es la principal obligación de nuestra conciencia? _____

¿Por qué no debemos tener ningún temor a la persecución por motivos religiosos? _____

¿Que cantidad de recursos, esfuerzos y tiempo dedica la iglesia a los aspectos de la adoración cúltica y su vida interna, en proporción a la dedicación a su misión práctica entre los perdidos y necesitados? Exprese su opinión con libertad. _____

Conclusión

La libertad de practicar nuestra religión, actuar y expresarnos de acuerdo a nuestra conciencia y asociarnos libremente, son Derechos Humanos fundamentales. Debemos defender estos derechos cuando sean amenazados y ejercerlos correctamente de acuerdo a las leyes y la voluntad de Dios.

Participación política y seguridad social

Lección 20

Esdras Jiménez (Costa Rica)

I. Virtudes de los que aspiran a ser líderes electos

Cada día en la televisión podemos ver muchas noticias relacionadas a los círculos políticos y gobernantes del país donde vivimos. Esta lección hará referencia a tales temas desde una perspectiva bíblica más allá de ideologías y metodologías de elección de los gobernantes.

Lea el Artículo 21 de los Derechos Humanos. Debemos decir que el cristiano puede y debe participar activamente en el gobierno y ejecución del gobierno. El problema no radica en esto, por supuesto debemos hacerlo, el problema es ¿cómo debe ser la participación? Según la Biblia el cristiano debe marcar la diferencia donde quiera que se encuentre (Romanos 12:2; 1 Pedro 1:14-15).

A. Prudencia y sabiduría

El problema no radica en participar activamente en la política, el problema radica en el ¿cómo debe ser la participación del cristiano en la política? ¿Cuáles deben ser las virtudes que debe cultivar? El primer pasaje que debemos abordar es Génesis 41:33, donde José le mencionó a Faraón dos características que debía tener el hombre que regiría al pueblo durante una época particularmente difícil. Un buen gobernante debía ser: Prudente y sabio.

Prudencia, en el sentido bíblico es confiar plenamente en Dios (Proverbios 3:5). La sabiduría reside en Dios, el único que realmente puede resolver los problemas del ser humano.

B. Verdad y desprendimiento

En el hombre que vive lejos de Dios las ansias de poder rápidamente transforman este deseo natural en egoísmo y en el deseo de señorear sobre otros. Sin embargo la Biblia en Éxodo 18:21 nos narra que Jetro sugirió a Moisés que los que gobernaran y juzgaran sobre el pueblo debían ser varones de verdad, que aborrecieran la avaricia. Esos hombres no debían dejarse llevar por el deseo de gobernar a otros, sino que con desprendimiento debían vivir para servir a otros.

II. Agentes de libertad no de opresión

A. Un pueblo debe buscar la justicia social

En Deuteronomio 15 hay una interesante conjugación de culto y justicia social. Los versículos 4 y 5 son especialmente importantes cuando Dios exhorta al pueblo a desaparecer la condición de pobre o mendigo. Es de particular importancia entender que el pueblo recibió este llamado puesto que ellos, (libertados de la esclavitud) debían practicar la justicia y la igualdad, que recibieron de gracia de Dios. Nosotros al igual que ellos fuimos rescatados de nuestras ataduras y debe ser nuestra tarea, nuestro llamado la práctica de la justicia y de la igualdad.

B. Agentes de justicia en el derecho al trabajador

Existen varios pasajes que hablan acerca de los derechos sociales del trabajador (Levítico 19:13; Deuteronomio 24:14; Jeremías 22:13; Malaquías 3:5; Lucas 10:7; 1 Timoteo 5:18). Una regla para nosotros debería ser "no criticar al Estado y sus servicios si no estamos dispuestos a cumplir con nuestras obligaciones" (Mateo 22:21; Romanos 13:1-8).

Como cristianos somos llamados a ser agentes de cambio en nuestra sociedad, a practicar una ética más elevada. Deberíamos ser de los primeros en pagar las cargas sociales, tanto para nuestros ministros, como para los empleados y para aquellos que trabajan por jornal (amas de llave, personal de limpieza, chofer, jardineros, etc.).

Una regla para nosotros debería ser "no criticar al Estado y sus servicios si no estamos dispuestos a cumplir con nuestras obligaciones" (Mateo 22:21; Romanos 13:1-8).

C. Recompensas de la búsqueda de la justicia

En la epístola de Santiago 1:25, dice que serán felices los que cumplen la "ley perfecta", no como un oidor casual. Siguiendo esta misma línea Santiago explica que esta "ley perfecta" es: "Amarás a tu prójimo como a ti mismo" (2:8).

Por otro lado la "Regla de oro", nos llama a realizar en la práctica lo que queremos para nosotros (Mateo 7:12)

Hay una alegría interna en el cristiano que cumple con su llamado, que vive para servir a los otros y que busca la justicia (Juan 13:17).

Tomando como ejemplo el pueblo de Israel en el Antiguo Testamento podemos decir que también hay una alegría en el pueblo que busca la justicia (Deuteronomio 15:1-18).

Participación política y seguridad social

Lección 20

Hoja de actividad

Versículo para memorizar: "Honrad a todos. Amad a los hermanos. Temed a Dios. Honrad al rey" 1 Pedro 2:17.

I. Virtudes de los que aspiran a ser líderes electos

En su opinión particular ¿deben los cristianos participar en la política y el gobierno? ¿Por qué? _____
_____
_____

Mencione dos ejemplos bíblicos de buenos políticos o gobernadores ¿Qué los hizo diferentes? _____
_____
_____

Según Éxodo 18:21 ¿Qué característica principal debía tener el hombre que gobernara y juzgara al pueblo? _
_____
_____

II. Agentes de libertad, no de opresión

Mencione ¿Cuál es el objeto de la exhortación de Deuteronomio 15:4-5? _____
_____
_____

Escriba cuál es la denuncia constante que aparece en los siguientes pasajes:

Levítico 19:13 _____ Deuteronomio 24:14 _____

Jeremías 22:13 _____ Malaquías 3:5 _____

Lucas 10:7 _____ 1 Timoteo 5:18 _____

¿Cuál debe ser una actitud ética correcta cómo cristianos respecto a las obligaciones de seguridad social? __
_____
_____
_____
_____

Conclusión

Debemos buscar en nuestros gobernantes aquellas virtudes necesarias para actuar como instrumentos de Dios, también existen cristianos especialmente llamados a gobernar y deben hacerlo, como Daniel deben cultivar la dependencia y la santidad delante de Dios.

Necesitamos un descanso

Lección 21

Jorge Rodríguez (Ecuador)

I. Trabajo: Privilegio y responsabilidad

Lea el artículo 23 de los Derechos Humanos. A través de los tiempos, se han especulado muchos conceptos diversos acerca de la importancia, el privilegio y la responsabilidad que tenemos frente a este don de Dios.

A. Trabajo: Perspectiva del ser humano

El trabajo lo es todo en la vida. Pensar así traerá como consecuencia serios problemas. No es lo mismo trabajar para vivir, que vivir para trabajar.

El trabajo es un castigo de Dios. Otros mas radicales creen que el trabajo es una maldición. Lamentablemente este concepto, es mal interpretado. La responsabilidad del hombre frente a su trabajo se estableció antes de su caída (Génesis 1:28).

Jesús viene pronto no trabajemos. por eso muchos cristianos de la iglesia primitiva, descuidaron su responsabilidad personal y familiar. Por esa razón Pablo exhortó con mucho amor y autoridad a la iglesia de Tesalónica (2 Tesalonicenses 3:10b).

B. Trabajo: Perspectiva bíblica

Primera verdad bíblica: Dios es el dueño de toda la creación y dio la responsabilidad al hombre para administrar su obra (Génesis 1:28b-31).
Segunda verdad bíblica: El trabajo esta íntimamente relacionado con la imagen y semejanza de Dios. El trabajo es un mandamiento, (Éxodo 20:9) que debemos tomar con mucha responsabilidad.
Tercera verdad bíblica: El trabajo es una bendición, (Salmo 128:2; Efesios 4:28).
Cuarta verdad bíblica: Jesús resaltó un aspecto del trabajo para provecho espiritual (Juan 6:27).

II. Descanso: Privilegio y responsabilidad

Lea el artículo 24. El descanso también fue instituido y practicado por Dios (Éxodo 20:11) y por tal razón es un derecho ineludible que el hombre goce de éste. Es importante concentraremos en meditar en los derechos humanos y el propósito de Dios en precautelar y desarrollar integralmente su buen vivir.

Es pertinente reconocer que la creación universal de Dios, fue realizada para el deleite de su máxima y especial creación (el ser humano) y éste último a su vez fue creado para la exaltación eterna a su creador.

A. La importancia del descanso físico

Los animales, el hombre e incluso la tierra necesitan el beneficio del descanso para la preservación de su existencia.

Para Dios es muy importante que el hombre considere un tiempo para hacer un alto en sus actividades u obras. En Éxodo 20:10 leemos que el descanso que debía practicarse involucraba todas las personas (incluyendo criados y extranjeros) y los animales.

B. La importancia del descanso espiritual

Dios estableció desde el principio de la creación este día sagrado (Génesis 2:3). En el libro de Éxodo 20:8 dice: "Acuérdate del día de reposo para santificarlo", hoy en día la iglesia cristiana practica este mandato bíblico, consagrando un día a la semana (domingo) para reunirse y expresar su adoración a Dios y la comunión cristiana.

III. Familia: Privilegio y responsabilidad

Lea el Artículo 25 de los Derechos Humanos.

En los planes de nuestro creador ya estaba constituida la familia. Por tanto, tenemos el derecho de reproducirnos responsablemente en cumplimiento al mandato de Dios (Génesis 1:27).

A. La familia terrenal

Es la familia donde Dios quiso que naciéramos y nos desarrolláramos. El ideal supremo es llegar a tener una familia sólida, Génesis 2:24, Proverbios 18:22, Malaquías 2:14-16, 1 Timoteo 5:7-8.

B. La familia de Dios

Pablo también reafirmó la importancia de cómo Dios nos integra a una familia especial (Efesios 2:19), somos una familia y debemos tratarnos como tal para la gloria del Padre celestial.

Necesitamos un descanso

Hoja de actividad

Versículo para memorizar: "Seis días trabajarás, y harás toda tu obra; mas el séptimo día es reposo para Jehová tu Dios..." Éxodo 20:9-10a.

I. Trabajo: Privilegio y responsabilidad

¿Qué opina la gente en cuanto al trabajo? _____
_____

¿Qué nos dice la Biblia al respecto según Génesis 1:28b-31; Éxodo 20:9; 1 Tesalonicenses 4:10—11; Salmo 128:2; Efesios 4:28; Juan 4:34; 6:27? _____
_____
_____

II. Descanso: Privilegio y responsabilidad

¿Qué declara Éxodo 20:10 en cuanto al descanso? _____
_____

¿Qué tanto cumple usted este mandamiento: Mucho, poco o nada? ¿Considera que esta bien lo que hace? ___
_____
_____

III. Familia: Privilegio y responsabilidad

¿Cuáles son los enemigos de la familia hoy? _____
_____

¿Qué papel debe cumplir la familia de Dios en nuestra sociedad? _____
_____
_____

Conclusión

El trabajo es una bendición y un derecho que Dios constituyó y debemos disfrutarlo. El descanso es parte de ese derecho y tenemos que considerarlo. Y la familia es lo mas hermoso que Dios nos dio para administrar.

Derecho a la educación y la cultura

Lección 22

Téxar Alfaro (México)

I. El sistema educativo y cultural entre los hebreos

En los artículos 26 y 27, de los Derechos Humanos se refiere a que todos los seres humanos, sin excepción, tengan acceso a la educación y la cultura. Como veremos, la Biblia, nos presenta algunas narrativas desde donde se pueden derivar interpretaciones en el mismo sentido.

A. La ley en el contexto de la historia hebrea

El Pentateuco fue la única fuente del contenido de la educación en las diferentes etapas históricas del pueblo hebreo, sobre todo en el período de crisis y funcionó bien hasta constituirse en todo un sistema educativo formal del cual Jesús mismo fue beneficiario.

Todo judío tenía el derecho y acceso a la educación que consistía en la enseñanza de la Ley, los Profetas y los Salmos. La educación se iniciaba en la casa paterna, se continuaba en las sinagogas y/o en los círculos de discípulos en torno a rabinos distinguidos.

B. El origen de la cultura

El pasaje bíblico Génesis 1:26-30, contiene mandatos divinos que constituyen el origen de la cultura humana. Dios ordenó que se reprodujeran, se multiplicaran, llenaran la tierra y que ejercieran autoridad sobre la naturaleza. El control sobre el medio ambiente, el aprovechamiento de los recursos naturales, la capacidad para desarrollar formas de organización y convivencia social constituyen lo básico de la cultura.

Los israelitas generaron su propio sistema educativo y cultural para fomentar y preservar su identidad a través de sus diversos períodos históricos. Esto fue posible garantizando que todos los ciudadanos, sin excepción alguna, tuvieran el acceso a la educación y a la cultura.

II. El acceso a la educación y cultura

A. La adquisición del conocimiento

El acceso al conocimiento es un tema que la Biblia aborda y privilegia, a tal grado de relacionarlo directamente como el que favorece el temor a Dios en el ser humano (Proverbios 2:1-6).

Aunque se debe garantizar el derecho a la educación a todas las personas, sin embargo, el acceso al conocimiento requiere de ciertas condiciones por parte del individuo, y en este sentido el pasaje de Proverbios, nos indica dichas condiciones:

1. La sabiduría y la ciencia deben de ser grata a la persona (Proverbios 2:10).
2. La persona debe estar atenta a la sabiduría (Proverbios 2:2).
3. La persona debe de buscar y escudriñar a la inteligencia (Proverbios 2:3-4).
4. La persona debe adquirir sabiduría e inteligencia y engrandecerlas (Proverbios 4:5-9).

B. La educación y la cultura: Patrimonio de la sociedad secular

En Daniel 1:1-7 nos muestra el caso de cuatro jóvenes hebreos que estaban en Babilonia como botín de guerra, y que por sus cualidades el rey les proveyó un lugar y condiciones favorables para que accedieran al sistema de educación babilónico. Algo parecido sucedió con Moisés, quien desde su niñez fue educado en la sabiduría egipcia. Estos casos deben enseñarnos lo siguiente: La educación tiene su lugar y funcionamiento en la sociedad secular, los sistemas educativos están en poder de los gobiernos civiles que cada sociedad ha determinado tener y son los que planifican los tiempos y las modalidades para ponerlos al alcance de los ciudadanos. El acceso a los sistemas de educación formales origina a la civilización de las sociedades.

La cultura es patrimonio del pueblo, en tanto que este es el creador de los productos de su cultura tales como arte, religión, filosofía, costumbres, leyes y conocimientos populares.

Como miembros de determinadas sociedades somos creadores, consumidores y promotores de nuestra cultura, es decir, tenemos acceso a ella de manera natural. No sucede lo mismo con la educación, por tal razón, los gobiernos y la sociedad misma deben garantizar que todos los ciudadanos tengan el derecho a participar de sus propios sistemas educativos.

Como parte de un pueblo o nación tenemos también un legado cultural y educativo que debiéramos acceder y atender con diligencia, pues nos proporcionan la base primaria de nuestra identidad.

Los cristianos como parte de la sociedad no debemos menospreciar las oportunidades de acceder a dichos sistemas educativos.

Derecho a la educación y la cultura

Lección 22

Hoja de actividad

Versículo para memorizar: "Sabiduría ante todo; adquiere sabiduría; y sobre todas tus posesiones adquiere inteligencia. Engrandécela, y ella te engrandecerá; ella te honrará, cuando tú la hayas abrazado" Proverbios 4:7-8.

I. El sistema educativo y cultural entre los hebreos

Con sus propias palabras explique la función de la Ley en el contexto de la historia hebrea. _____
_____
_____
_____
_____

¿Está de acuerdo que Génesis 1:26-30 pueda ser interpretado como el origen de la cultura humana? _____
¿Por qué? _____
_____
_____
_____
_____

II. El acceso a la educación y cultura

Escriba los requisitos que las personas deben cumplir para tener acceso al conocimiento de acuerdo a Proverbios 2:1-6,10; 4:5-8. _____
_____
_____
_____

¿Qué nos enseña Daniel 1:1-7 en cuanto a la educación? _____
_____
_____
_____
_____

Conclusión

La educación y la cultura dan posibilidades de desarrollo personal y colectivo y se generan e imparten en los centros escolares de la sociedad secular y en la familia y como ciudadanos del país al cual pertenecemos tenemos el derecho de acceder a ella.

Celebrando al Rey eterno

Eudo Prado (Venezuela)

I. La entrada a Jerusalén

El domingo de ramos es la oportunidad para celebrar al Rey de la eternidad, aquél cuyo reinado no tendrá fin; Jesús el hijo de Dios, que reina en los corazones de los que le aman. También, es la oportunidad propicia para que pensemos seriamente en la importancia de proclamar quién es realmente Jesús.

A. El cortejo triunfal

Jesús entró a Jerusalén, proveniente de Galilea, acompañado de sus discípulos para celebrar la fiesta de la Pascua (Mateo 21:1-11). Esta fiesta reunía anualmente a todos los judíos para recordar las grandes obras de Dios a favor de su pueblo. En esta oportunidad todo ese fervor popular fue volcado hacia la persona de Jesús.

Según la costumbre, durante los cortejos triunfales, los peregrinos llevaban levantados ramos de palmas, usados como símbolos de victoria (Apocalipsis 7:9). Los judíos también acostumbraban saludar a los nuevos grupos que llegaban a las fiestas, con aclamaciones y cánticos. Los reyes, eran saludados ondeando ramas de los árboles y alfombrando su paso con las mismos, como se hizo con Jesús.

B. El clamor del pueblo

Las expresiones de aclamación que se encuentran en Mateo 21:9 formaban parte de una sección de los Salmos, conocida como el Hallel (Salmo 118:25-26), que se cantaba en las fiestas más solemnes de Israel. En esta oportunidad, es posible, que el cántico haya sido asumido por el pueblo, más que como un elemento de su tradición religiosa, como un deseo vehemente de liberación del sufrimiento. Aun cuando el Señor no alentó en ningún momento las pretensiones políticas de sus seguidores, tuvo una compasión práctica por las necesidades físicas de las personas que hicieron que la gente lo siguiera (Mateo 9:36; 14:14; 15:32).

II. La profecía cumplida

El evangelista Mateo aplica a Jesús uno de los llamados textos mesiánicos, el cual se encuentra en Zacarías 9:9. En este pasaje, el Mesías fue presentado como el rey prometido, proveniente del linaje davídico.

A. La llegada del Rey salvador

Las profecías mesiánicas del Antiguo Testamento tuvieron un cumplimiento objetivo en muchos detalles de la vida de Jesús (Zacarías 14:4, Mateo 21:1). Pero ni el pueblo, ni los líderes religiosos pudieron reconocerle como el Hijo de Dios, el Salvador prometido, ni aún los discípulos comprendieron el significado de aquél acontecimiento sino hasta el momento en que Jesús fue glorificado.

B. La misión del Rey Salvador

El asno era esencialmente la cabalgadura de los pobres y de la gente de paz. El hecho de que Jesús haya usado este tipo de cabalgadura resalta el significado pacífico y básicamente espiritual de su acción. También, señala su identificación con los pobres y menesterosos. Muchos de nosotros ministramos en contextos de profundas necesidades y vemos las multitudes que vagan sin esperanza. El gran desafío de la iglesia es poder mostrar a Jesús, el Rey y Salvador, el único que proporciona al hombre perdido la vida abundante y eterna.

III. Importancia de ese acontecimiento

A. El impacto de la presencia de Jesús

La presencia de Jesús afectó a unos y otros de diferentes formas. Está claro que nadie puede permanecer indiferente delante de Jesús. Los líderes religiosos judíos se llenaron de celo contra Jesús, pero los muchachos del templo se llenaron de regocijo y alabanza (Mateo 21:15). Una de las actitudes principales a que nos conduce el reconocimiento de Jesús como el rey de nuestra vida es la devoción personal.

B. La proclamación del verdadero Jesús

"... ¿Quién es este?..." (Mateo 21:10) ante esta pregunta lógica, que corrió de boca en boca en toda la ciudad de Jerusalén, sólo se escuchó una respuesta proporcionada por la misma gente: Este es Jesús el profeta, de Nazaret de Galilea. La gente, en su ignorancia, conceptualizaba a Jesús como un profeta más y no como quien era realmente: El Hijo de Dios, el Salvador del mundo. ¡Que lamentable es que el testimonio de los discípulos brilló por su ausencia en tan maravillosa oportunidad!

Celebrando al Rey eterno

Hoja de actividad

Versículo para memorizar: "Cuando entró él en Jerusalén, toda la ciudad se conmovió, diciendo: ¿Quién es este?" Mateo 21:10.

I. La entrada a Jerusalén

¿Por qué Jesús no alentó en ningún momento las pretensiones políticas de sus seguidores? _____

¿Por qué es tan importante la obra compasiva cristiana? _____

II. La profecía cumplida

¿En que manera el activismo religioso nos impide conocer y hacer la voluntad de Dios? _____

¿Cuál es la mayor esperanza que los creyentes podemos mostrar a este mundo sufriente y necesitado? _____

III. Importancia de ese acontecimiento

¿Por medio de cuáles actitudes podemos manifestar nuestra devoción a Jesús como rey de nuestra vida? _____

Mencione cuatro conceptos erróneos que el mundo tiene acerca de la persona de Jesús. _____

Conclusión

Celebrar a Jesús como el Rey eterno, significa, en primer lugar, comprender quién es Él realmente: El Hijo de Dios, el Salvador del mundo. En segundo lugar, hacernos copartícipes de su misión central y proclamar el Evangelio a través del discipulado comprometido.

Jesucristo nuestro salvador ¡vive!

Daniel Ncuna (Guinea Ecuatorial)

I. La sorpresa de María

La memoria del ser humano es muy frágil y limitada. Estamos propensos a olvidar con facilidad los consejos y advertencias que hemos recibido en diferentes etapas de nuestras vidas e incluso de las promesas y las enseñanzas bíblicas que sostienen nuestra fe.

María Magdalena era una de las mujeres que siguió a Jesús después de haber sido curada de posesión de espíritus malignos (Lucas 8:1-2). María Magdalena era una mujer que tenía la predisposición de seguir a su Señor sin importar lo que costara, dicha predisposición le permitió ir temprano al sepulcro Juan 20:1-3.

A. La piedra del sepulcro había sido quitada

Al llegar María Magdalena al sepulcro y ver la piedra removida le produjo una inmensa sorpresa y le condujo a una profunda tristeza (Juan 20:11). En ese momento, no entendió que si Cristo hubiese dado su vida en rescate sin volver a tomarla, o sea, sin resucitar, no se hubiera cumplido la voluntad del Padre. Estaba confundida.

B. María llegó a una conclusión equivocada

El hecho de que María Magdalena estaba ante un acontecimiento único y sorprendente en la historia de la humanidad con una fuerte dosis de tristeza, la llevó a una conclusión apresurada y equivocada (Juan 20:2b). En ocasiones nos precipitamos al ver los acontecimientos y reaccionamos de formas erróneas o apresuradas que no nos permiten ver la mano de Dios moviéndose en nuestras vidas o en las vidas de otras personas.

II. Los discípulos fueron al sepulcro

A. No se conformaron con el testimonio de María

Simón Pedro y (Juan), el otro discípulo así como se le denomina en este pasaje, recibieron la noticia de que el cuerpo del Señor había desaparecido o que se lo habían llevado del sepulcro (Juan 20:2) y fueron al sepulcro. Al llegar y ver las sábanas con las que Jesús había sido envuelto, (los lienzos) entendieron que el cuerpo del Señor no había sido robado porque los lienzos y el sudario hubieran sido llevados juntamente con el cuerpo, por consiguiente, anularon dicha hipótesis.

B. Olvidaron lo que Jesús les dijo acerca de su muerte

En el primer momento los discípulos no entendieron que Cristo debía resucitar de entre los muertos (Salmos 16:10). Pero nosotros, hoy tenemos todas las pruebas y evidencias para no repetir el mismo error. Cristo ha resucitado. En Él tenemos perdón de pecados, justificación y vida abundante.

III. El significado de la resurrección

A. Jesucristo fue totalmente Dios y totalmente hombre

Nosotros los cristianos hablamos de un salvador vivo. Venció la muerte y hoy está a la diestra del Padre reinando sobre todo principado y sobre toda potestad. La resurrección es una prueba fehaciente de que Jesucristo es Dios, (Juan 20:14, 19,26,30; 21:1) quien asumió la naturaleza humana para expresarnos mejor su amor (Juan 3:16).

B. Cristo es la base de la fe salvadora y del evangelio

Si Jesucristo no hubiese resucitado, el cristianismo carecería de fundamento y sus Buenas Nuevas (evangelio) carecerían de autoridad (1 Corintios 15:14,17). No hemos sido salvados por un simple hombre. Estamos anclados y sobreedificados en Cristo, (1 Corintios 3:11).

C. Hay vida después de la muerte

Algunas religiones han tratado de dar explicaciones acerca de los que pasa con el ser humano después de la muerte. Pero nosotros, los que hemos creído en Jesucristo, tenemos una esperanza firme de que viviremos felices eternamente después de la muerte física. La resurrección de Cristo es la prueba y esperanza de esta declaración (Juan 11:25).

Jesucristo nuestro salvador ¡vive!

Lección 24

Hoja de actividad

Versículo para memorizar: "Le dijo Jesús: Yo soy la resurrección y la vida; el que cree en mí, aunque esté muerto, vivirá" Juan 11:25.

I. La sorpresa de María

¿Cuál fue la primera evidencia visual de la resurrección de Cristo? _____
_____
_____
_____

¿Quién tuvo el privilegio de verlo primero, según el relato de Juan 20:1:10? _____
_____
_____
_____
_____

II. Los discípulos fueron al sepulcro

¿Quiénes de los discípulos vieron la segunda evidencia según Juan 20:3-4? _____
_____
_____
_____

¿Qué sucedió cuando Juan vio la tumba vacía? (Juan 20:7-8). _____
_____
_____
_____
_____

III. El significado de la resurrección

¿Qué nos enseña la resurrección de Cristo hoy a nosotros? _____
_____
_____
_____
_____

Conclusión:

Celebremos éste día significativo con un nuevo sentido. Recordemos que es un día de victoria, que es un día de esperanza y que es un día en el que la humanidad tomo una nueva dirección.

Un tesoro desconocido

Edgar Baldeón (Ecuador)

I. El Padre cumple lo que promete

Jesús se refirió a la promesa más importante que alguien nos haya hecho para esta vida, una promesa que muchos de nosotros no hemos conocido o no hemos entendido aún, como fue el caso de los discípulos antes del Pentecostés, Hechos 1:1-11.

En el pasaje encontramos a Jesús, ya resucitado, enseñando a sus discípulos acerca del reino de Dios y hablándoles nuevamente de la promesa del Padre, (a la cual se había referido anteriormente Lucas 11:13; 12:12; 24:49).

A. Anuncios de la promesa

Juan el Bautista y Jesús se refirieron a la promesa del Espíritu Santo. Esta es una de las pocas enseñanzas que se repiten en los cuatro evangelios. Es tan importante para la vida de cada creyente y para la vida de la iglesia que ninguno de ellos la omitió (Mateo 3:11; Marcos 1:8; Lucas 3:16; Juan 1:32-34).

B. Cumplimiento de la promesa

De ese evento fueron testigos los discípulos y una multitud de judíos y no judíos (Hechos 2:9-11) que no entendían a cabalidad lo que estaba sucediendo. La promesa se había cumplido y esto era evidente para todo el mundo. Hay que poner atención al hecho de que a su debido tiempo, "el tiempo de Dios", las promesas se cumplen. Sus promesas se cumplen en tiempo oportuno.

C. Interpretación de la promesa

Este acontecimiento narrado en el libro de Hechos es único porque narra el momento inicial del derramamiento del Espíritu Santo al mundo, tal y como el Padre lo prometió, lo cumplió. Podemos estar seguros y confiar que el Padre cumple y cumplirá todas sus promesas.

El derramamiento del Espíritu en Pentecostés, (tal y como lo narra el libro de los Hechos 4:31; 10:44-46; 19:6), muestra que éste es un acontecimiento que puede repetirse.

II. El Padre anhela darnos su Espíritu

De particular importancia es lo que dijo el señor Jesús acerca de las intenciones del Padre respecto de su Espíritu en Lucas 11:13. Este texto dice claramente, no sólo que el Espíritu Santo está disponible sino que el Padre, quien es extremadamente bueno, está listo a darlo.

A. La presencia del Espíritu

La presencia del Espíritu de Dios se asocia con el fruto del Espíritu (Gálatas 5:22-23) y en Hechos la presencia del Espíritu se relaciona a su poder (Hechos 1:8).

Individualmete su presencia trae guía, consuelo y ayuda, colectivamente en la iglesia, el Espíritu Santo reparte dones como Él quiere (1 Corintios 12:7-13). A la vida en el Espíritu, Jesús la comparó con "ríos de agua viva" Juan 7:37-38.

B. El Espíritu afirma la esperanza en la redención final

En Efesios 1:13-14 el apóstol Pablo ubicó a la promesa del Espíritu como el anticipo de la herencia que el Padre prometió darnos. Es maravilloso reconocer la grandeza del don del Espíritu Santo y lo que significa para la vida cristiana y para la vida de la iglesia. Cuánto más maravilloso es saber que es sólo un anticipo de la herencia que el Padre quiere darnos.

C. El Espíritu nos ayuda a amar y confiar en el Padre

Cuando Jesús habló de la promesa del Padre con sus disícipulos Hechos 1:4, ellos le preguntaron: "...restaurarás el reino a Israel en este tiempo" (Hechos 1:6). La respuesta de Jesús a los discípulos (Hechos 1:4,6) fue una invitación a confiar en el Padre, pues sólo Él sabe cuándo establecerá su Reino: "No os toca a vosotros saber los tiempos o las sazones, que el Padre puso en su sola potestad..." (Hechos 1:7). La promesa del Espíritu quiere lograr que se acreciente nuestra confianza en nuestro Padre quien tiene control y potestad para guiar nuestra vida y la historia humana.

Un tesoro desconocido

Hoja de actividad

Versículo para memorizar: "…para que en Cristo Jesús la bendición de Abraham alcanzase a los gentiles, a fin de que por la fe recibiésemos la promesa del Espíritu" Gálatas 3:14.

I. El Padre cumple lo que promete

¿Quiénes anunciaron esta promesa? Lea los siguientes pasajes y responda:

Joel 2:28-32 _____

Mateo 3:11 _____

Lucas 11:13? _____

¿Quiénes pueden dar testimonio de ese cumplimiento? (Hechos 2:9-11). _____

¿Qué podemos saber del Padre a partir de ese acontecimiento? _____

II. El Padre anhela darnos su Espíritu

A su parecer ¿por qué el Padre tiene el anhelo de dárnos su Espíritu? _____

¿Qué relación tiene la promesa de Abraham con la promesa del Espíritu Santo? (Gálatas 3:14). _____

¿Qué garantiza, tener el Espíritu Santo? (Efesios 1:13-14). _____

Conclusión

La promesa del Espíritu Santo es la promesa-bendición más importante que alguien nos haya hecho para esta vida terrena. Es una promesa que fue cumplida en un día histórico pero que a la vez está para cumplirse en la vida de cada cristiano. Es una promesa segura porque descansa en el carácter del Padre. Sabemos que Él cumple lo que promete y que Él dará su Espíritu a todos los que se lo pidan.

La Biblia y los Derechos Humanos

Lección 26

Patricia Picavea (Guatemala)

I. Nacimos para ser libres

A. Dios demanda libertad del ser humano

Fuimos creados por Dios libres, por lo que es una necesidad en cada persona gozar de esa libertad. La esclavitud se ha practicado y se practica en contra de la voluntad de Dios.

Ninguna persona o estado tiene derecho de lastimar deliberadamente a otros, sin importar su origen étnico (Éxodo 12:48-49), nivel económico o educativo, posición social o política, etc. (Éxodo 23:3,11; Levítico 14:21; Deuteronomio 15:11).

B. Nuestras garantías individuales

La Biblia expresa que Dios es justo, ama la justicia, en Él no hay injusticias y no acepta la injusticia (2 Crónicas 19:7; Job 34:12; Salmo 11:7; Romanos 1:18).

C. Un sitio donde vivir

Podemos decir que, el pertenecer a un país en particular, con una identidad propia y una herencia cultural característica, es un don de Dios, desde el mismo fundamento bíblico. La nacionalidad debe verse como una manifestación más de la gracia de Dios sobre el individuo.

Cada país posee un sistema jurídico relacionado con la ciudadanía. Como cristianos tenemos la responsabilidad de cumplir cabalmente con ese orden legal, (Lucas 20:25). También debemos estar claros en que cada país está en el deber supremo de proteger a sus ciudadanos ante cualquier circunstancia que atente contra su integridad.

II. Derecho a las cosas importantes

A. Nuestros derechos y deberes

En cada país se deben promulgar leyes que garanticen los derechos inalienables de las personas e implementarlos a través de entidades que velen y promuevan tales derechos. En la regla de Oro (Lucas 6:31), Jesús reconoció los derechos de las personas, pero también hizo notar la implicación de los deberes.

B. Derecho a una familia y un lugar para vivir

La familia se originó en la mente de Dios (Génesis 1:28). Esta comienza con la unión matrimonial de un hombre y una mujer (Génesis 2:18,24). En nuestros días se habla del derecho a la familia pero no necesariamente siguiendo el modelo de Dios. El asunto no es si vamos a formar una familia o no, sino que clase de familia vamos a formar.

El profeta Isaías denunció la injusticia de los poderosos (Isaías 5:8). Por otra parte el profeta Miqueas tuvo un mensaje de esperanza para los pobres (Miqueas 4:1,4).

C. Libre para profesar y pensar

Sea cual fuere nuestra situación, nunca debemos claudicar. Debemos recordar siempre que: ¡Nada puede contra la verdad, y ella finalmente triunfa! (2 Corintios 13:8).

Jesús mandó a sus discípulos a no tener miedo de denunciar la injusticia (Lucas 12:4-5). La integridad de nuestras opiniones se fundamenta en el cumplimiento de la voluntad de Dios, pues es a Él a quien debemos dar cuenta de todas nuestras acciones.

III. Los alcances como ciudadano

A. La política, la seguridad social, el trabajo y el descanso

El problema no radica en participar activamente en la política, el problema radica en el ¿cómo debe ser la participación del cristiano en la política? Un buen gobernante debe ser: Prudente y sabio. Estas son las características que dio Dios a Salomón (1 Reyes 4:29).

Como cristianos somos llamados a ser agentes de cambio en nuestra sociedad, a practicar una ética más elevada.

El descanso también fue instituido y practicado por Dios (Éxodo 20:11).

B. Derecho a la educación y la cultura

El acceso al conocimiento es un tema que la Biblia aborda y privilegia, a tal grado de relacionarlo directamente como el que favorece el temor de Dios en el ser humano (Proverbios 2:1-6). La cultura es patrimonio del pueblo, en tanto que este es el creador de los productos de su cultura.

Lección 26: La Biblia y los Derechos Humanos

Hoja de actividad

Texto para memorizar: " Justo eres tú, oh Jehová, Y rectos tus juicios" Salmo 119:137.

I. Nacimos para ser libres

¿Piensa que en realidad todos gozamos de verdadera libertad en los países donde vivimos? ¿Por qué? _____
_____
_____

Según Éxodo 3:7,17; 4:31; Jueces 6:6-8; Santiago 5:4 ¿cree que Dios se preocupa por la garantías individuales?
_____

¿Cuál debe ser nuestra actitud como ciudadanos de un país? _____
_____
_____

II. Derecho a las cosas importantes

¿Es importante reclamar nuestros derechos? ¿Por qué?_____
_____

¿Qué nos dice este pasaje en cuanto a los derechos y deberes Lucas 6:31? ____
_____

¿En qué nos ayuda el ser libres para profesar, pensar y expresar?_____
_____

III. Los alcances como ciudadano

¿Cómo debe ser la participación del cristiano en la política? _____
_____

¿Por qué es importante el descanso?_____
_____

Conclusión

Es maravilloso ver que mucho antes que el hombre pensara en los derechos que deben tener las personas, Dios en su misericordia ya los había pensado y establecido. Como cristianos debemos fomentarlos y practicarlos.

El reino de Dios se ha acercado

Elimelec Juantá (Costa Rica)

I. Juan preparó el camino para Jesús

A. La profecía

En Isaías 40:3 encontramos una profecía; ésta se cumplió cuando Juan el Bautista apareció en el desierto, proclamando el bautismo como señal de arrepentimiento para perdón de pecados.

Juan el Bautista fue hijo de un sacerdote y su nacimiento fue anunciado por un ángel (Lucas 1:5,11). Sus decisiones y elecciones de vida fueron tomadas correctamente, éstas fueron dirigidas por Dios a lo largo de su crecimiento y desarrollo. Él contó con el apoyo de su familia para convertirse en ese gran hombre delante de Dios, lleno del Espíritu Santo, que hizo que muchos de los hijos de Israel se convirtieran al Señor (Lucas 1:15,16-17).

B. Obediencia

Un personaje sencillo, pero con un mensaje claro y directo, definitivamente, Juan el Bautista era enviado de Dios (Mateo 3:1,4). Los planes y propósitos de Dios se podían ver en su vida de obediencia y entrega, además, de su boca salían palabras llenas de convicción para conducir a las personas al arrepentimiento (Marcos 1:4). También pronunció denuncias religiosas, políticas y sociales hacia a los líderes religiosos, gobernantes y habitantes de Judea y Jerusalén (Mateo 14:3-4; Marcos 6:17-18).

II. Bautismo y tentación de Jesús

A. Bautismo

Ya el salmista anunciaba esta confirmación de Dios sobre la vida de Jesús: "Yo publicaré el decreto; Jehová me ha dicho: Mi hijo eres tú; Yo te engendré hoy" (Salmo 2:7).

En la inauguración del Reino podemos observar lo siguiente:
Decisión, identificación, aprobación y equipamiento.

B. Tentación

Después de ser bautizado y recibir la presencia del Espíritu Santo, Jesús fue movido al desierto para ser tentado por el diablo (Mateo 4:1). Las tentaciones no son para ser vencidos en el intento de resistirlas, son para fortalecernos cada día más, nos ayudan a madurar, crecer en la fe y a ser mejores cristianos. Ante estas tentaciones, Jesús por medio del uso de la Palabra salió victorioso y listo para continuar con su ministerio aquí en este mundo (Mateo 4:10-11).

III. El inicio del ministerio de Jesús

A. No quisieron entender

El reino de Dios, que por mucho tiempo el pueblo había esperado, estaba ahora frente a sus ojos, era una realidad, (Juan 1:14). Este reino era divino y no terrenal, como lo esperaban los judíos, un reino que se inauguró por medio de la paz y no de la fuerza, un reino cuya entrada se obtenía por medio del nuevo nacimiento, el arrepentimiento y la convicción en el evangelio, es decir, en Cristo como el "Hijo de Dios" (Juan 3:5). Lamentablemente los ojos espirituales del pueblo, y especialmente de los guías religiosos del momento, no lograron ver ni quisieron entender lo que estaba sucediendo.

B. ¿Comprendemos el ministerio de Jesús hoy?

Nosotros como ciudadanos del reino de Dios, debidamente identificados con una ciudadanía celestial y con un gobernante, que en nuestro caso es un rey, debemos aplicar en forma práctica lo que Jesús enseñó.

Hoy en día, en muchos casos se ha perdido la identidad como cristianos. Muchos se acomodan al mundo pasando desapercibidos en los diferentes lugares, produciendo muy poco o nada de impacto en el entorno social.

La oración de Jesús en Lucas 11:2, parafraseando dice: "Que tu reino venga aquí y que se haga tu voluntad, como sucede en el cielo, aquí en la tierra también", el vivir esta afirmación cambiará de una manera sustancial, nuestra perspectiva de cómo ver al mundo y a las personas.

Si hacemos esto, no solamente estamos siendo cristianos de este mundo, sino que estamos actuando como ciudadanos del reino de Dios. Definitivamente al vivir así estamos trayendo el reino de Dios a la tierra y haciendo la perfecta voluntad de nuestro Rey.

El reino de Dios se ha acercado

Lección 27

Hoja de actividad

Versículo para memorizar: "He aquí yo envío mi mensajero delante de tu faz, El cual preparará tu camino delante de ti" Marcos 1:2b.

I. Juan preparó el camino para Jesús

¿Quién fue Juan el Bautista, (Lucas 1:5,11)? _____
_____
_____

¿Cuál fue el mensaje de Juan, (Marcos 1:4)? _____
_____
_____

II. Bautismo y tentación de Jesús

El bautismo de Jesús, representó cuatro aspectos.

¿Cuáles son?

1- _____   3- _____
2- _____   4- _____

III. El inicio del ministerio de Jesús

Cite por lo menos dos diferencias, de lo que esperaban los judíos del reino de Dios y de lo que en realidad fue:

1- _____
2- _____

¿Cree usted que los cristianos hoy vivimos de acuerdo al reino de Dios? _____
_____
_____
_____

Conclusión

Juan pudo recibir de sus padres y de Dios, el entendimiento de que su misión era profética y que los hijos de Israel tenían que convertirse de sus malos caminos. Juan fue obediente al anunciar el reino de Dios. Al igual que Juan, seamos obedientes y pidámosle a Dios que nos muestre nuestra labor dentro de su reino.

Discípulos del Reino

Juan Carlos Fernández (Cuba)

I. Jesús hizo el llamado a seguirle

Estando junto al mar de Galilea, unos humildes hombres de mar escucharon una extraña oferta: "Venid en pos de mí y haré que seáis pescadores de hombres" (Marcos 1:17). Este ir en pos de Jesús representaba entre otras cosas la posibilidad de perder la estabilidad económica que les había proporcionado la pesca hasta el momento.

A Siendo solícitos al llamado a seguirle

Andrés y Simón dieron el primer paso, el cual consistía en poner atención a las palabras de Jesús y responder al llamado (Marcos 1:16-17). Como discípulos del Señor debemos responder al llamado y seguirle fielmente cada día.

B. Entendiendo el llamado de seguirle

La oferta de pescar hombres pudo haber sido excitante, pero inicialmente incomprensible. En diversas ocasiones los discípulos dieron muestras de ignorancia en relación a la vida, misión y obra del Maestro (Marcos 9:14-19; 10:35-45; 14:3-9).

Es interesante el hecho de que aún hoy una parte importante de los cristianos no han comprendido lo que significa seguir a Cristo. Seguirle implica ponerlo a Él en el primer lugar de nuestras vidas, (Mateo 6:33), agradarle en todo, renunciar a nosotros mismos.

II. Jesús tuvo tiempos de oración

Desde el desierto hasta el huerto de Getsemaní vemos a Jesús orando. Orar es hablar con Dios, quien escucha nuestras oraciones.

A. Definiendo la oración

La gran mayoría de los cristianos tenemos áreas en nuestras vidas donde deseamos y necesitamos la bendición de Dios.

Esta bendición no significa lo mismo para todos. Por eso cada uno de nosotros llegamos a la presencia de Dios con oraciones genuinas que presentan nuestras vidas ante un Dios que todo lo ve y todo lo sabe.

B. La respuesta a la oración

Jesús dedicó tiempo a la oración, confiando y esperando en que a su tiempo vendría la respuesta (Marcos 1:35).

No podemos dejar de sentir un gran gozo al saber que cuando oramos Dios nos oye y este se hace aún mayor al saber que Él también nos responde. Debemos saber que entre las respuestas del Señor podemos obtener un "no" o un "todavía no".

III. Jesús sirvió sanando, predicando y haciendo discípulos

Jesús se presentó a sí mismo como un vivo ejemplo de servicio (Marcos 10:45) y como cumplimiento de la profecía (Isaías 53:4, Salmo 147:3), por eso la sanidad tanto física como espiritual fue parte activa de su ministerio terrenal (Mateo 8:17).

A. Llamados a servir predicando y haciendo discípulos

Jesús cuando comenzó su ministerio predicaba acompañado de sus discípulos (Lucas 8:1) y luego les envió a ellos a hacer esta labor, mientras Él todavía estaba en la tierra (Marcos 1:38-39; 6:7).

Esta tarea de la predicación más tarde fue encomendada a la iglesia y junto con la predicación vino el mandamiento de hacer discípulos (Mateo 28:19-20). Es verdaderamente impresionante la forma en que aquellos hombres que Jesús llamó dejaron todo para seguirle.

B. Llamados a servir como propagadores de la sanidad

Es interesante ver el transcurrir de la vida de Jesús en medio de las necesidades de la gente, enseñando, dando ánimo y sanando a los enfermos (Marcos 1:40-45).

La iglesia tiene una tarea sanadora, el discípulo de Cristo también se debe preocupar del cuerpo. La salud física así como la salud mental deben ser de interés para aquellos que predicamos el evangelio. No debemos olvidar que el servicio extendido a otras áreas de la vida es un medio eficaz para ministrar entre tanto tormento.

Discípulos del Reino

Lección 28

Hoja de actividad

Versículo para memorizar: "Salió Jesús de allí y vino a su tierra, y le seguían sus discípulos" Marcos 6:1.

I. Jesús hizo el llamado a seguirle

Mencione el nombre de cuatro personas que respondieron al llamado de Jesús y le siguieron (Marcos 1:16-20).
_____
_____

¿Hoy Dios llama a las personas a ser sus discípulos? ¿Cómo lo hace? _____
_____
_____

II. Jesús tuvo tiempos de oración

¿Qué lugar tuvo la oración en la vida de Jesús? _____
_____
_____

¿Qué lugar tiene la oración en su vida? _____
_____
_____

III. Jesús sirvió sanando, predicando y haciendo discípulos

Mencione algunos de los milagros que hizo Jesús mientras estuvo en la tierra. _____
_____
_____

Mencione algunos milagros de los cuales usted haya sido testigo _____
_____
_____

Conclusión

Los discípulos del Reino estamos llamados a anunciar el evangelio a todas las naciones, comenzando por el lugar donde nos encontramos. Es imperativo depender de la oración, como medio para recibir fortaleza y dirección de parte del Señor y es ineludible la encarnación en las necesidades de la sociedad. Solo así lograremos extender el reino de Dios en nuestro sufrido mundo.

La oposición al Reino

Pedro Julio Fernández (Canadá)

I. Blasfemia y acusación

La reacción de los enemigos del reino de Dios se manifestó al más alto nivel de rechazo en la época de Jesús.

A. La incomprensión

El pasaje de Marcos 2:1-12 es una sana demostración del poder de Dios y de la llegada del reino de Dios. Unos amigos de un hombre paralítico al no poder entrar por la puerta de la casa hicieron un hueco en el techo de la misma y por ahí bajaron a su amigo para que Jesús lo sanara (v.4). Jesús no sólo perdonó los pecados de éste hombre sino que también lo declaró sano (v.11). Los líderes religiosos reaccionaron acusando a Jesús de blasfemo al perdonar los pecados de éste hombre (vv.6-7). Jesús fue criticado aunque sus obras eran buenas.

B. Acusado sin motivo de valor

El llamado a un hombre de mala fama para convertirlo en un instrumento del reino de Dios causó el siguiente rechazo a Jesús. La práctica de los valores del reino de Dios era el estilo de vida y de enseñanza de Jesús, pero muchas personas no podían entender esto (vv.16-17). El Maestro no discriminaba a nadie, Él se podía juntar con toda clase de persona, su humildad y misericordia no tenía límites, pero ante los líderes religiosos de su época esta era una práctica incomprensible.

II. Incumplimiento de las reglas

A. La pregunta sobre el ayuno

El ayuno era una disciplina practicada por los judíos. Los discípulos de Juan lo hacían al igual que los fariseos, pero los seguidores de Jesús no lo estaban haciendo así (Marcos 2:18-22). Los que no estaban de acuerdo con Jesús siempre estaban a la espectativa de lo que sucedía para cuestionar sus enseñanzas. Jesús explicó que si Él no estuviera físicamente presente, entonces sus seguidores ayunarían.

B. Jesús es el Señor

Para los judíos era muy importante seguir las reglas impuestas por los líderes, en desmedro de un real cumplimiento de la ley de Dios. Por eso Jesús dijo que no vino a abolir la ley sino a darle el real cumplimiento (Mateo 5:17).

En el pasaje de Marcos 2:23-28 Jesús permitió que sus discípulos recogieran y comieran espigas de trigo un día de reposo. Para un sector de la sociedad judía la justicia era exterior, legalista y ceremonial.

Pero Jesús siendo el mismo Dios mostró ser superior a cualquier día de la semana y no reprendió a sus seguidores por recoger espigas secas de trigo y comerlas.

III. La oposición religiosa y política

A. La oposición nuevamente

En éste último lugar los líderes religiosos tenían mayor control de lo que allí se podía hacer y de lo que no se debía hacer. Por eso cuando Jesús fue a la sinagoga ellos estaban allí para poder acusarlo de la más mínima falta cometida (Marcos 3:2). De ésta situación surgió la unión de los fariseos (que eran los líderes religiosos) con los herodianos, (que eran líderes políticos) procurando su muerte (v.6).

Es importante entender que la aprobación de Dios sobre Jesús y aún sobre los cristianos es cuando el sufrimiento viene por hacer el bien o lo correcto (Mateo 5:11-12; 1 Pedro 4:14-17).

Una vez más aprendemos por medio de Jesús que sin importar lo que suceda a nuestro alrededor debemos cumplir la misión a la que fuimos llamados.

B. Un milagro en el día de reposo

Con la pregunta de si era lícito hacer bien o mal en el día de reposo, (Marcos 3:4) Jesús quiso hacer reflexiónar a los presentes sobre la importancia de la misericordia para Dios, sin importar el día. Los valores del reino de Dios se deben practicar todos los días y no solo en uno de ellos. La vida del cristiano es una vida que se vive día con día, (Oseas 6:6).

La oposición al Reino

Hoja de actividad

Versículo para memorizar: "Los sanos no tienen necesidad de médico, sino los enfermos. No he venido a llamar a justos, sino a pecadores" Marcos 2:17.

I. Blasfemia y acusación

Después de ver la reacción de las personas, ¿qué hizo Jesús? (Marcos 2:10-11; 3:5). _____
_____
_____

II. Incumplimiento de las reglas

Jesús, ¿violó la ley al permitirle a sus seguidores comer espigas de trigo en el día de reposo? ¿Qué opina al respecto? (Marcos 2:23-28)._____
_____
_____

¿Qué ejemplo de esto podríamos usar en nuestro tiempo y en nuestra ciudad? _____
_____
_____

¿Qué enseñanza nos deja I Pedro 4:14-16 y Jesús en Mateo 5:11-12 con relación a la lección de hoy? _____
_____
_____

III. La oposición religiosa y política

Ante la oposición política y religiosa del reino de Dios, ¿qué enseñanza nos deja esta lección? ¿Cuál debe ser nuestra actitud de ahora en más? _____
_____
_____
_____
_____

Conclusión

Es importante entender y reconocer que al ser ofendidos haciendo el bien tenemos el reconocimiento de Dios. Nuestro deber es hacer su voluntad en todo momento y lugar del resto se encarga Dios.

Crecimiento del Reino

Lección 30

Yanet Ortiz (España)

I. Discipulado y extensión del Reino

A. Jesús hizo la elección

En este caso lo que hizo el Maestro fue todo lo contrario, Él llamó a los que Él quiso y los escogió sin hacer ningún plan de selección aparente. Los escogidos fueron doce hombres con diferentes temperamentos para encomendarles que llevaran el evangelio del Reino.

El pasaje de Marcos 3:13-19 nos indica que después de estar en el monte, Jesús fue en busca de colaboradores para su Reino. Recordemos algo muy importante que antes de elegir el Maestro a sus colaboradores, Él subió al monte y esto nos hace pensar que habló con el Padre Celestial antes de tomar una decisión.

B. Jesús los preparó

El Maestro ya tenía el equipo de trabajo que necesitaba para la extensión del Reino, pero necesitaba formarlos pues ellos serían sus discípulos. No serían simplemente empleados o seguidores sino sus discípulos. Un discípulo es alguien que aprende guiado por un maestro discipulador. Este término se usa para denominar a todos aquellos seguidores de Jesús, que aprenden de sus enseñanzas y la aplican a sus vidas (Lucas 14:27).

II. Evangelismo y crecimiento del Reino

Jesús fue nuestro Maestro por excelencia y Él quiso asegurarse que haya enseñanza, motivación, metodología y técnicas pedagógicas al enseñar a sus seguidores. En este pasaje de Marcos 4:1-7 vemos al Maestro enseñando por medio cuestiones cotidianas y sencillas. Enseñó que existen diferentes tipos de tierra: La de junto al camino en la cual viene el adversario y roba la palabra que fue sembrada (Marcos 4:4,15). La de los pedregales, en la cual viene la tribulación y tropiezan (Marcos 4:5-6,16-17). La que se encuentra entre los espinos es la que dejan de apuntar a la meta (Marcos 4:7; 18-12). Y la buena tierra es la que da fruto (Marcos 4:8,20).

En esta ocasión le enseñó por medio de el relato de de un sembrador que no hay excusa para dejar de sembrar la buena semilla, será cuestión de las circunstancias que la semilla germine o no.

III. El crecimiento como misión del Reino

A. ¿Cómo crece la semilla?

En este pasaje podemos encontrar la verdadera riqueza que tiene el Reino el cual fue ilustrado con el crecimiento de la semilla en la tierra. Una vez que se planta la semilla se espera que ésta germine, crezca y lleve fruto.

La germinación es el proceso mediante el cual una semilla se desarrolla hasta convertirse en una nueva planta. Este proceso se lleva a cabo cuando el embrión se hincha y la cubierta de la semilla se rompe. Para lograr esto, toda nueva planta requiere de elementos básicos para su desarrollo: Luz, agua, oxígeno y sales minerales.

El Señor sembró y del mismo modo que la semilla germina y crece sin ninguna acción de parte del sembrador, así Cristo por medio de sus discípulos sembraron la Palabra. Así tenemos la obra de la predicación de la Palabra; la responsabilidad de los obreros a quienes el Señor confió durante su ausencia éste gran desafío.

Pero cuando llegue el tiempo de la recolección, el sembrador será llamado de nuevo a actuar.

B. La más pequeña se hizo muy grande

El Señor emplea otra analogía para describir el carácter del Reino. La pequeña semilla que sembró sería un gran albergue (Marcos 4:32), muy exaltado en la tierra, capaz de ofrecer protección temporal a aquellos que se refugiaran en él.

Jesús comparó su Reino a un grano de mostaza, que es muy pequeño pero cuando crece se hace enorme. De esta forma Jesús estaba graficando que su Reino era muy pequeño en ese momento pero crecería y cobijaría a muchos en él.

No nos cansemos de predicar con el fin de extender el Reino de nuestro Señor para hacer que crezca. Todo el apoyo que podamos brindar aún cuando pensemos que es pequeño, tendrá su alcance, recordemos lo que dice el apóstol a la iglesia en 1 Corintios 15:58. El crecimiento no será de la noche a la mañana, el proceso de crecimiento es de cada día y lo dará el Señor. Pero la decisión de colaborar con el Reino y compartir la Palabra hay que tomarla y pronto, ya que hay mucha gente que necesita escuchar este maravilloso mensaje.

Crecimiento del Reino

Lección 30

Hoja de actividad

Versículo para memorizar: "Y estos son los que fueron sembrados en buena tierra: los que oyen la palabra y la reciben, y dan fruto a treinta, a sesenta, y a ciento por uno" Marcos 4:20.

I. Discipulado y extensión del Reino

¿A quiénes llamó Jesús? _____

¿Para qué los llamó Jesús? _____

II. Evangelismo y crecimiento del Reino

Explique brevemente lo que significa: "He aquí, el sembrador salió a sembrar". _____

Enumera los 4 tipos de tierra que encontró el sembrador:

1. _____ 3. _____
2. _____ 4. _____

¿Conoce a alguien que ejemplifique alguno de estos tipos de tierra? Comparta.

III. El crecimiento como misión del Reino

Explica brevemente lo que significa la frase: " Reino de los cielos " _____

¿Qué entiende por madurez espiritual? _____

¿Qué está haciendo para extender el Reino de Dios en su ciudad? _____

¿Qué nos demandan los siguientes pasajes bíblicos con relación al tema visto?

Mateo 28:19-20 _____

Mateo 5:13 _____

Mateo 5:14 _____

Conclusión

_____
_____
_____

¡Un hombre como este sólo puede ser Dios!

Lección 31

Aldo Genes (Paraguay)

I. El poder de Jesús sobre la naturaleza

El eterno Dios humanado, Jesucristo ha sido, es y será el poderoso Señor aceptado y rechazado a la vez por los diversos grupos de personas. Unos lo aceptan y confían plenamente en Él; mientras que para otros, es locura pretender hacerse seguidor suyo.

En Marcos 4:35-41, vemos a Jesús mostrando su poder sobre la naturaleza. Esta desconoce la desobediencia, pues, simples palabras la hicieron someterse a su amo, Dios. Marcos 4:41 registra la mezcla de asombro y temor, preguntándose mutuamente los discípulos: "¿Quién es este, que aun el viento y el mar lo obedecen?" La respuesta: ¡Es Jesús!, Señor nuestro y de la naturaleza. El mismo que puede pasar de muerte a vida a cualquier pecador que quiera acercarse a Él.

El paso de los discípulos que debemos loar fue buscar a Jesús en el momento de la desesperación. Probablemente porque evocaron en sus mentes el Salmo 107:28-29 (TLA) "Llenos de angustia, oraron a Dios, y él los sacó de su aflicción; calmó la furia de la tormenta, y aplacó las olas del mar".

II. El poder de Jesús sobre los demonios

Iniciamos ahora el análisis de una segunda esfera de autoridad de Jesús. Esta vez sobre los demonios, los espíritus inmundos también se sometieron a Jesucristo (Marcos 5:1-20).

Al llegar al otro lado del mar, a la región de los gadarenos, salió al encuentro de Jesús de los sepulcros un hombre con un espíritu inmundo.

El Señor, al ver el estado de miseria de este hombre comenzó a reprender al espíritu inmundo (v.8) y éste contestaba a Cristo: — "¿Qué tienes conmigo, Jesús, Hijo del Dios Altísimo? ¡Te conjuro por Dios que no me atormentes!" (v.7). El endemoniado atormentado, daba gritos para salir de su tormento. Con este acto, Dios muestra que rescatar una persona de las garras de Satanás no tiene precio. La salvación que Jesús nos ofrece, busca afectar todas las áreas de nuestra vida: física, psicológica, social y espiritual. En otras palabras, es una salvación integral.

Los versículos 17-20 con los que concluye Marcos este milagro, nos muestra al siempre amable y caballeroso Jesús (Apocalipsis 3:20), que no "tumba la puerta" para entrar hasta los gadarenos, sino que accede al pedido que le hacen de retirarse de sus contornos (17). ¿Fracasó entonces Jesús en esa ocasión? ¡Para nada! El agradecido hombre quiso ir con Él pero Jesús, no se lo permitió. ¿Por qué? Porque Jesús tenía una misión para él (18-19), sería el nuevo misionero para esa región.

Pero, ¿no tenía el conocimiento ni la formación necesaria para tal tarea? No importa. Tenía algo que nadie refutaría; un testimonio personal que ninguno podría cuestionar.

III. El poder de Jesús sobre las enfermedades y la muerte

En este relato se nos relata una sanidad y una resucitación milagrosa, Marcos 5:21-42. La primera, trae a escena a un hombre respetado, bien posicionado, pero desesperado. Sin mediar palabras, el Señor accedió al pedido del hombre (v.24). Lo que él no contaba, era que en el camino habría una mujer enferma, "que no había reservado cita ni formado la fila de espera". Esta mujer sufría desde hacía doce años de su enfermedad (vv.25-28). ¿Qué la libró de doce años de sufrimiento? (v.34) ¡Su fe! Haber confiado plenamente en que Dios, por medio de Jesucristo pudo obrar ese milagro en ella. ¿Qué pasó del que sí había solicitado turno? (v.35), su hija murió en ese ínterin. Ante esto Jesús fue hasta la casa de Jairo, encontrando allí el tremendo alboroto (v.38). En su intervención (v.39), no recibe otra cosa sino burlas (40), pero Él sabía lo que acontecería. ¿Había algo imposible para Él? (v.41) "Niña, a ti te digo, levántate" (42).

En este pasaje encontramos dos personas al límite buscando la ayuda del Señor una por una enfermedad que había hecho que perdiera todo y la otra por una hija pequeña que se encontraba al borde de la muerte, ambas dejaron sus prejuicios y se acercaron a Jesús en busca de ayuda.

La fe de éstas personas en diferentes circunstancias hizo que se manifestara el poder de Dios.

Primero fue la naturaleza, luego los demonios; ahora, la enfermedad y la muerte, realmente Dios no tiene límites.

¡Un hombre como este sólo puede ser Dios!

Lección 31

Hoja de actividad

Versículo para memorizar: "Entonces temieron con gran temor, y se decían el uno al otro: ¿Quién es éste, que aun el viento y el mar le obedecen?" Marcos 4:41.

I. El poder de Jesús sobre la naturaleza

¿Cómo actuó Jesús ante la circunstancias de Marcos 4:39? _____

¿Qué mostró Jesús ante esa situación? _____

¿Es esto real en su vida también? ¿Cómo? _____

II. El poder de Jesús sobre los demonios

¿Cómo reaccionó Jesús ante el pedido de los demonios? (Marcos 5:13). _____

¿Qué enseñanza te deja este pasaje? _____

III. El poder de Jesús sobre las enfermedades y la muerte

¿Puede en este momento compartir un milagro de Dios en su vida o la de su familia? _____

¿Compartió alguna vez con alguien (no cristiano), dicho testimonio? _____

¿Qué efecto tiene sobre las personas el ser testigos de un milagro? _____

Conclusión

Desarrollemos nuestra fe y confiemos en que el poder de Dios sigue siendo el mismo. Descansemos en Él y no dudemos en hacer que otros le busquen y confíen en también en su poder.

Confirmación del hijo de Dios

Juan Carlos Fernández (Cuba)

I. Pedro reveló lo que el pueblo de Israel no podía ver

A. Jesús escogió a doce discípulos

Cuando el Mesías llegó escogió doce hombres, (Marcos 3:13-19). Ellos le acompañarían durante aproximadamente tres años, los cuales se convertirían en un seminario intensivo. El proceso de reconciliación entre Dios y el hombre había comenzado.

B. Las dos preguntas de Jesús

El Maestro y sus discípulos caminaban por las aldeas de Cesarea de Filipos. Fue allí donde les hizo una primera pregunta y ni tardos ni perezosos, los discípulos le respondieron (Marcos 8:27-28). Sin embargo el Señor cerró aún más el círculo, y se dirigió a ellos formulándoles una segunda interrogante: "Y vosotros, ¿quién decís que soy yo?" (Marcos 8:29a).

Entonces Pedro, el veterano pescador, el más impulsivo de los doce, lanzó la magistral confesión: "Tú eres el Cristo…" (Marcos 8:29b). Pedro fue más allá que todos los que anteriormente habían expuesto su criterio. Evidentemente no se trataba de Juan el Bautista, ni de Elías ni de un profeta más. Jesús era el Mesías por tantos años prometido, era el verdadero hijo de Dios.

II. La orden de Dios

A. Jesús en el monte

Jesús tomó a tres miembros de su equipo (Pedro, Jacobo y Juan) y los llevó a un monte. Lucas nos dice que fueron a orar y mientras oraban cambió la apariencia de Jesús y la ropa se le hizo blanca y resplandeciente (Lucas 9:28-29). podemos ver claramente al Salvador apoyándose cada vez más en la oración, mientras se aproximaba el momento de la crucifixión con todos sus horrores.

B. Testigos de su gloria

Ahora las cosas habían cambiado. Jesús se les mostraba en gloria. Moisés y Elías también aparecieron conversando con Él. Cuántas veces hemos ido ante la presencia del Señor, abrumados por las circunstancias, clamando desde el fondo de abismos internos, de imposibilidades humanas, sin saber siquiera qué pedir, momentos en que no podíamos ni articular una palabra y el espíritu gemía con gemidos indecibles, y entonces fuimos transportados a indescriptibles estados de gozo, a experiencias tan extraordinarias e inefables que hicieron a nuestro rostro brillar con un resplandor celestial, absolutamente incompatible con la situación, problema, tentación o lucha que nos llevó a la oración.

C. La revelación celestial

Si en algún momento el velo de la incomprensión había cubierto el entendimiento, ahora este se descorría al resonar la voz del padre celestial, encomendando su Hijo a los discípulos (Marcos 9:7). La confesión de Pedro y la gloria mostrada en el monte mediante la transfiguración habían revelado definitivamente a Jesús como el Hijo de Dios.

III. ¿Quién es Jesús para ti?

A. Diversas opiniones

Hay quienes pretenden ignorar el testimonio de la historia y dicen que probablemente Jesús nunca existió. Otros lo catalogan como un gran revolucionario de su tiempo otros como un gran maestro de moral.

B. Una deducción necesaria

Jesús dijo ser el Hijo de Dios, el Mesías, el pan de vida, la luz del mundo, la única puerta, el agua de vida, y llegó a decir que era el único camino hacia el padre. Si Jesús mentía deliberadamente, no podría ser catalogado como una buena persona o un gran maestro de moral ya que habría engañado a sus seguidores en relación a quien era y a su destino eterno.

Es en este punto donde los que teniéndole solamente como un gran maestro de moral y una buena persona se enlazan con los dichos de su boca, quedando frente a la alternativa de aceptarle o rechazarle, definiendo así su destino eterno.

Confirmación del hijo de Dios

Lección 32

Hoja de actividad

Versículo para memorizar: "Salieron Jesús y sus discípulos por las aldeas de Cesarea de Filipo. Y en el camino preguntó a sus discípulos, diciéndoles: "¿Quién dicen los hombres que soy yo?", Marcos 8:27.

I. Pedro reveló lo que el pueblo de Israel no podía ver

¿Cómo veían la mayoría de las personas a Jesús? (Marcos 8:27-28). _____

Explica el significado de la confesión de Pedro en Marcos 8:29 para nosotros hoy. _____

II. La orden de Dios

¿En qué consistió la transfiguración de Jesús? _____

¿Qué se les ordenó a los discípulos que hicieran, en relación a Jesús? (Marcos 9:7). _____

III. ¿Quién es Jesús para ti?

¿Qué le argumentaría a alguien que dice que Jesús fue buena persona pero no lo acepta como Salvador? _____

Conclusión

Hoy podemos preguntarnos con sinceridad ¿quién es Jesús para nosotros? La respuesta debe ser personal y única delante del Señor y de ella dependerá nuestra eternidad.

Nuestras actitudes y el Reino

Lección 33

Mary de Prado (Venezuela)

I. La actitud de los discípulos ante el Reino

Luego que Jesús llamó y envió a los apóstoles, ellos extendieron la proclamación del reino de Dios. Antes de esto Jesús los preparó muy bien para el ministerio de una manera práctica. Fueron investidos de poder para su ministerio y continuamente sanaban a los enfermos (Mateo 10:1). Ellos fueron predicadores itinerantes que enseñaban y ministraban según las necesidades que tenían las personas.

A. Obediencia y disposición de los discípulos

La palabra "predicaban" en el griego, significa que era "una acción realizada constantemente" (Marcos 6:12). Su predicación era una descripción sumaria de los hechos de Jesús; de todo lo enseñado por Jesús. Luego de ser comisionados, los discípulos salieron en compañerismo y en obediencia a su Maestro a proclamar las buenas nuevas de salvación (Marcos 3:14).

B. La incredulidad de los discípulos

La actitud incrédula de los discípulos (Marcos 6:52) tenía su origen en la condición interna de pecado (dureza de corazón), pues todavía no habían experimentado la limpieza o purificación de su ser interno, lo cual ocurrió en el Pentecostés (Hechos 15:8-9).

II. La actitud de los gentiles ante el Reino

A. Una fe sencilla y sin exigencias

Al visitar la ciudad de Tiro, Jesús tuvo la oportunidad de ver la fe de la mujer siro-fenicia (Marcos 7:25-26). Ante tal actitud de humildad y fe Jesús fue movido a misericordia. Una actitud de fe, humildad y perseverancia es la que nos abre la puerta a las bendiciones del reino de Dios. Como hijos de Dios, debemos ser flexibles y no legalistas cuando se presenten situaciones que demanden una acción compasiva ante las necesidades del prójimo y compartir con ellos de lo que el Señor nos ha dado. Las bendiciones de Dios no son sólo para la iglesia sino también para cualquiera que las busque humildemente (Mateo 7:7-12).

B. Una actitud receptiva

Los pueblos gentiles, a pesar de ser comunidades donde abundaba la idolatría, recibieron con buen ánimo a Jesús y sus enseñanzas. Su actitud fue tan receptiva que Jesús terminó realizando un extenso ministerio de sanidad entre ellos (Marcos 7:31-37). El Centurión mencionado en Lucas 7:9 es otro ejemplo de la actitud de los gentiles y Jesús se refirió a esto cuando dijo: "…aún en Israel no he hallado tanta fe". La salvación de los gentiles desde el principio estuvo en los planes de Dios..

III. La actitud de los fariseos ante el Reino

La actitud crítica y de rechazo de los fariseos ante las enseñanzas de Jesús sobre el Reino estaban motivadas por el hecho de que a través de ellas eran confrontadas sus tradiciones, orgullo, ostentación e hipocresía (Marcos 6:6,13; Mateo 23; Lucas 16:14,15). Además, se sentían amenazados políticamente porque temían que las acciones de Jesús perjudicaran el equilibrio político de la nación hebrea.

A. Crítica censurante

En Lucas 7:2 Jesús y sus discípulos fueron juzgados y condenados por los fariseos conforme a sus razonamientos teológicos y tradiciones (Lucas 11:37-39). Jesús condenó la actitud y el hábito de hacer juicios severos e injustos. Sin embargo, la Biblia nos muestra que para Dios es más importante la pureza de corazón y nuestras actitudes que la perfección de nuestros ritos.

B. Rechazo y oposición

Los judíos, al confrontar las enseñanzas de Jesús demostraban una actitud de rechazo y oposición a lo que Él anunciaba: El reino de Dios. Cuando pretendemos amoldar las enseñanzas del evangelio a reglas humanas y a meras prácticas ritualistas, vamos en contra de lo establecido en la Palabra de Dios en relación a lo que significa la verdadera adoración que el Señor busca en sus hijos (Marcos 7:8; Juan 4:24).

Nuestras actitudes y el Reino

Hoja de actividad

Versículo para memorizar: "De cierto os digo, que el que no reciba el Reino de Dios como un niño, no entrará en él", Marcos 10:15.

I. La actitud de los discípulos ante el Reino

¿Cuál fue la actitud de los discípulos ante las demandas hechas por Jesús para su misión de proclamar el evangelio el Reino? _____

¿En dónde se originó la actitud incrédula de los discípulos? _____

II. La actitud de los gentiles ante el Reino

¿Qué motivó a Jesús a concederle la petición a la mujer siro fenicia? _____

¿Cómo recibieron los gentiles a Jesús y sus enseñanzas? _____

III. La actitud de los fariseos ante el Reino

¿A través de qué actitudes se manifiesta una mente impura o llena de malos pensamientos? _____

¿Qué impidió a los de Nazaret aceptar al Mesías y sus enseñanzas? _____

Conclusión

Las personas asumen diferentes actitudes ante el Reino, pueden recibirlo o rechazarlo. Sin embargo, sus puertas están accesibles a todos aquellos que reconozcan sus pecados y busquen sinceramente a Dios con el propósito de vivir una vida santa.

Requisitos del Reino

Vicente Longo (Argentina)

I. Requisito 1: Disposición a servir

La vida de Jesús fue un ejemplo de servicio. Servir para los ciudadanos del Reino significa estar a disposición de alguien, estar dispuesto a beneficiarlo, sacrificarse por el otro; es demostrar amor hacia la persona que se sirve; mostrar sinceridad en las acciones (no necesidad de figurar) e interés y paciencia hacia las personas que se sirven. En el servicio de Jesús vemos dos características principales que tuvo su accionar fueron la humildad y el amor.

En el pasaje de Filipenses 2:7 Pablo dice que Jesús se puso a nuestra entera disposición, en nuestras manos, con todas las consecuencias que ello acarreaba.

A. Servir con humildad

En el Evangelio de Marcos, el Señor Jesucristo implantó para aquellos que estaban dispuestos a servir, el deber de hacerlo con humildad (Marcos 9:33-37).

¿Porque el Señor habló de este modo? Porque aquellos discípulos (v.34) habían disputado entre ellos quien habría de ser el mayor. Cristo colocó el punto primordial en Marcos 9:35.

B. Servir con amor

Las motivaciones para el servicio en el Reino tienen sin duda su origen en el amor. Gálatas 5:13 dice "Servíos por amor los unos a los otros". Lo que debe caracterizar el reino de Dios es el amor. El amor nos iguala y también nos da identidad como ciudadanos del Reino, basta con ver en el libro de los Hechos lo que sucedió con la iglesia en Antioquía. Esos primeros ciudadanos fueron llamados "cristianos" por primera vez porque se amaban y servían los unos a los otros (Hechos 11:19-26) y a Dios.

II. Requisito 2: Disposición a vencer la tentación

En Marcos 9:41-42 el Señor explicó, que la gentileza que ejerzamos sobre las personas necesitadas no quedará sin recompensa. Pero lo opuesto también tendría su recompensa eterna. Pecar es terrible pero inducir a otro hacerlo es peor (Marcos 9:42).

El pasaje de Marcos continúa hablando de cuidarnos de caer en tentación y cuidar todo nuestro cuerpo de hacerlo.

A. Cuidemos las manos

En Marcos 9:43 las manos representan nuestras acciones la misma mano que puede dar, también puede quitar. La misma mano que acaricia, puede golpear duramente. A cada paso somos tentados a realizar cosas inconvenientes, de un lado tenemos a Dios y del otro al enemigo común el cual nos incita a realizar lo incorrecto. Debemos reflexionar y tener cuidado en como usamos nuestras manos. Pregunte: ¿Cómo nos pueden inducir las manos al pecado?

B. Cuidemos los pies

En el versículo 45 dice "Si tu pie te fuera ocasión de caer". ¿Tendrá esto que ver con concurrir a lugares donde el Señor no iría? Ante estas tentaciones del diablo, debemos preguntarnos: ¿El Señor estaría conmigo en este lugar?

C. Nos habla de los ojos

"Si tu ojo..." (v.47). Que poder hay en la mirada. Cuantas cosas insinúan nuestros ojos. Los ojos tienen todo un lenguaje especial. Los ojos comunican y también son la ventana por la que entra el mundo exterior a nuestra mente.

Pidámosle al Señor que a través del Poder del Espíritu Santo purifique nuestras manos, ojos y pies para que podamos vencer toda tentación.

III. Requisito 3: Disposición a renunciar y seguirle

Disposición es la palabra clave de nuestro estudio. Pero lo que mueve a esta palabra es la fe, por fe nos movemos hacer cosas para el Señor que de otra manera no las haríamos. Abraham es un ejemplo claro de disposición a renunciar a todo y seguir la voz de Dios.

Primeramente debemos renunciar a los pecados cometidos pidiéndole perdón a Dios (Salmos 32:5).

Después debemos renunciar a todo lo que nos impide servir al Señor, a lo que nos distrae de esta meta. Es importante evaluar que tiempo invertimos para el Señor y si es el mínimo debemos comenzar a cambiar nuestras prioridades y pedir al Señor que nos muestre como debemos utilizar nuestro tiempo.

Requisitos del Reino

Hoja de actividad

Texto para memorizar: "…Si alguno quiere ser el primero, será el postrero de todos, y el servidor de todos" Marcos 9:35.

I. Requisito 1: Disposición a servir

¿Qué significa servir? _____

_____

¿Cómo mostramos nuestro servicio hacia los demás? _____

_____

¿Cuáles son las dos características que tiene el servicio de Jesús? _____

y _____

II. Requisito 2: Disposición a vencer la tentación

El diablo nos tienta en maneras diferentes. El pasaje de Marcos 9:43-47 nos habla de:

Las _____

Los _____

Los _____

¿Que elemento agrega el pasaje de Efesios 4:25? _____

III. Requisito 3: Disposición a renunciar y seguirle

¿Hemos renunciado a todo para seguir y servir al Señor? _____

De los siete días de la semana, con sus veinticuatro horas cada día ¿cuánto estamos invirtiendo en el servicio al Señor? _____

_____

Conclusión

La experiencia de ser perdonado, lavado y purificado nos lleva a estar dispuestos a servir al Señor con humildad y amor siendo capaces de vencer las diversas tentaciones que el enemigo nos ponga y nos guiará a estar dispuestos a renunciar a todo lo que nos impida seguir al Señor.

Un Reino diferente

Mario Martínez (Guinea Ecuatorial)

I. En el reino de Dios no hay gloria sin cruz

En el pasaje de Marcos 10:35-45 los discípulos aún no habían entendido plenamente el camino de Jesús hacia la gloria a través del sufrimiento.

A. La petición de dos ambiciosos

Jacobo y Juan presuntamente se creyeron mejores y más dignos que el resto y con eso en mente se acercaron a Jesús con una petición (v.37). Cristo ante esta petición respondió que esos puestos estaban designados por Dios para aquellos que le sirvieran, no sólo para los que ambicionaran los primeros lugares. En muchas ocasiones vemos personas que desean acortar el camino y desean la gloria sin pasar por el servicio y en muchos casos por la aflicción. Es importante entender que la recompensa llegará después del arduo servicio de entrega al Señor.

B. Los celos de 10 ambiciosos

Los demás discípulos se enojaron por la petición de los dos hermanos, (Marcos 10:41) pero con ello demostraron que tenían los mismos deseos. Por lo tanto Jesús se dirigió también a ellos. En los reinos del mundo se habla de poder, dominio y gobierno, (v.42) pero en el reino de Dios el que quiere hacerse grande debe estar dispuesto al sacrificio por amor y es ahí cuando "Dios elevará al humilde" (vv. 43-44). El "éxito" es darnos a nosotros mismos y servir según nuestra capacidad sin ánimo de ser vistos.

II. Un Reino diferente a los de este mundo

A. Un concepto de servicio diferente

En este tiempo en donde abundan libros, conferencias y "gurúes" especialistas en liderazgo y donde entrenadores de deportes y empresarios de éxito nos bombardean con sus "fórmulas mágicas" y conceptos que contradicen a la Palabra de Dios de cómo ser un buen líder, las palabras de Jesús traspasan el tiempo y el espacio: "Pero entre ustedes no debe ser así" (Marcos 10:43ª DHH).

B. Es un concepto radicalmente opuesto

Si pudiéramos ilustrar el concepto secular del poder sería como una pirámide en donde la persona con poder está en la cima y abajo están las personas quienes le sirven. Nuestro Señor Jesucristo como buen "rompe esquemas" nos dice entre ustedes no será así..." el concepto cristiano del poder es la misma pirámide pero INVERTIDA.

III. Un Reino donde el servicio es el camino a la grandeza

El servicio encuentra su razón de ser en el servicio al prójimo (Marcos 10:44). La preeminencia en el reino de Dios no tiene nada que ver con posiciones de autoridad y poder, sino se alcanza por medio de ser siervo (griego, "esclavo") de los demás hombres al tomar órdenes del Maestro. En eso consiste la verdadera grandeza y preeminencia.

IV. Un Reino donde el Rey es ejemplo de servicio

A. El mismo Jesús exhibe su verdadera grandeza

Jesús fue el mayor ejemplo de servicio (Marcos 10:45). Pablo nos ayuda a comprender la vida de servicio de Jesús, (Romanos 15:1–3; 2 Corintios 8:9; Efesios 5.25) escribiendo de que manera Cristo dio un gran ejemplo liderazgo de servicio.

B. El mismo Jesús marcó la pauta de servicio

Jesús mostró a sus discípulos que, en lugar de preocuparse por ser reconocido como "el mayor" dentro del reino, debían estar dispuestos a humillarse, a hacer el trabajo del más humilde siervo, a hacer el trabajo más sucio que se pudieran imaginar, incluso para beneficiar a gente que no entendería, ni le importaría, o que podían oponérseles. "Porque ejemplo os he dado, para que como yo os he hecho, vosotros también hagáis... El siervo no es mayor que su señor, ni el enviado es mayor que el que le envió... bienaventurados seréis si las hiciereis" (Juan 13:15–17).

Un Reino diferente

Hoja de actividad

Versículo para memorizar: "Pero no será así entre vosotros, sino que el que quiera hacerse grande entre vosotros será vuestro servidor, y el que de vosotros quiera ser el primero, será siervo de todos", Marcos 10:43-44.

I. En el reino de Dios no hay gloria sin cruz

¿Por qué piensas que Jacobo y Juan pidieron los primeros lugares? (Marcos 10:35-37). _____

¿Qué refleja la actitud del resto de los discípulos? (Marcos 10:41). _____

¿Cómo se obtiene la gloria en el reino de Dios? (Marcos 10:43). _____

II. Un Reino diferente a los de este mundo

¿Cuáles son las diferencias que existen entre el concepto secular y cristiano sobre el liderazgo? _____

III. Un Reino donde el servicio es el camino a la grandeza

¿Por qué el servicio lleva a la grandeza? _____

IV. Un Reino donde el Rey es ejemplo de servicio

¿Enumere algunos ejemplos prácticos de servicio que Jesucristo nos mostró? ¿Cuál cree que fue el máximo ejemplo de servicio que Jesucristo no dejó? _____

¿Qué sugerencias podría compartir en clase sobre algunas actividades prácticas de servicio que se podrían llevar a cabo como iglesia? _____

Conclusión

Si deseamos ser parte de este Reino diferente vivamos según el ejemplo de servicio de Jesús, quien cuidaba de los más débiles, protegía a las viudas, sanaba a los enfermos, atendía a los niños, enseñaba con sencillez, compartía con los rechazados y marginados y dio su vida en el servicio a los demás.

La revelación del Reino

Luis Meza (Colombia)

I. Señales del Reino

Jesús no sólo habló del Reino, sino que la presencia de éste fue manifiesta en los poderosos milagros a favor de los necesitados.

A. El ciego Bartimeo

El propósito de este milagro fue para anunciar que el reino de Dios había llegado, "los ciegos ven, los cautivos son liberados y a los pobres es anunciado el evangelio" (Lucas 4:18-19). El propósito de la sanidad de Bartimeo fue para hacer visible el reino de Dios.

B. La entrada triunfal

Cuando Jesús entró cabalgando aquel día en Jerusalén, presentó sus credenciales como Rey; mostró la clase de Rey que proclamaba ser: Manso y humilde trayendo paz, (Marcos 11:1-11). Su acción estaba en contradicción con lo que la gente esperaba y deseaba.

C. La limpieza del templo

Toda el área dedicada al templo tenía varios atrios, este incidente tuvo lugar en el atrio de los gentiles (Marcos 11:15-19). Este atrio había sido edificado para ser un lugar de oración y preparación para los sacrificios; pero poco a poco se fue profanando.

El bullicio de la compra-venta, la gente caminando de un lugar a otro; hacía imposible la oración y la meditación.

II. El Reino fue cuestionado

A. Los líderes cuestionaron la autoridad de Jesús

La autoridad de Jesús fue cuestionada por los principales sacerdotes, los escribas y los ancianos, era en realidad una delegación del Sanedrín, (Marcos 11:27-33).

El hecho que una persona limpiara el atrio de los gentiles, era algo anormal. Es por esta razón que le preguntaron: "¿Con qué autoridad haces estas cosas, y quien te dio autoridad para hacer estas cosas?" (Marcos 11:28). Ante una pregunta astuta, recibieron otra pregunta (v.30) que al no poder contestar libró a Jesús de darles una respuesta (v.33).

B. Clara advertencia

El propósito de Jesús al contarles la parábola de la viña fue dar una clara advertencia a los líderes judíos. Sin duda, para los oyentes este relato era muy familiar y debió quedar muy claro desde el principio que: El propietario de la viña era Dios y la viña representaba al pueblo de Israel. Los labradores malvados eran los líderes y gobernantes de Israel. Los siervos representaban a los profetas. El único hijo, el amado a quien mataron y le echaron fuera de la viña fue Jesús mismo.

C. Conflicto entre reinos

En esta ocasión Jesús fue cuestionado por fariseos y herodianos (Marcos 12:13-17). El ser humano tiene la imagen de Dios y por tanto pertenece a Dios. Hay una esfera de la vida humana que pertenece a Dios y no debemos dársela al César.

Si el estado se mantiene dentro de sus atribuciones, se le debe dar lealtad y servicio; pero, tanto el estado como el individuo pertenecen a Dios y por lo tanto, si sus demandas están en conflicto, la lealtad a Dios ocupa el primer lugar.

D. El gran mandamiento

En el judaísmo había la tendencia a extender la ley ilimitadamente en cientos de reglas y normas; pero también existía la tendencia a tratar de resumirla en una sola frase que fuera el compendio de todo su mensaje. Jesús tomó los dos grandes mandamientos y los unió (Marcos 12:29-31).

III. El Reino futuro

En Marcos 13:3-23 Jesús habló sobre tres temas: La destrucción del templo, su regreso como Señor (el día del Hijo del hombre) y el fin del mundo.

En Marcos 13:32-36 hay tres enseñanzas que rescatar: Jesús vendrá otra vez para establecer su reino para siempre, nadie, ni aún Jesús y los ángeles del cielo saben cuando será, debemos estar atentos, velando, orando y preparados para su repentino retorno. (vv.35-36). Lamentablemente no todos entendían el Reino que Jesús proclamaba.

La revelación del Reino

Lección 36

Hoja de actividad

Versículo para memorizar: "El tiempo se ha cumplido, y el reino de Dios se ha acercado; arrepentíos, y creed en el evangelio" Marcos 1:15.

I. Señales del Reino

¿Cree que las sanidades de Jesús, fueron una demostración del reino de Dios? ¿Por qué? _____

II. El Reino fue cuestionado

¿Por qué a los judíos les era tan difícil aceptar a Jesús como rey? _____

¿Cómo interpreta la parábola de los labradores malvados? (Marcos 12:1-12). _____

III. El Reino futuro

¿Cuáles de las señales que presentó Jesús, ya se cumplieron y cuáles de ellas aun están por cumplirse? _____

Conclusión

Jesús anunció desde el inicio de su ministerio que el tiempo se había cumplido y que el reino de Dios se había acercado. Pero también el Reino tiene un aspecto escatológico, y esta relacionado con la segunda venida de Cristo, será cuando Jesús reine y se siente en su trono en el juicio final. Mientras tanto la iglesia debe proclamar el señorío de Cristo en todo el mundo.

La agonía

Víctor Alvarado (Honduras)

I. Principio de la agonía de Jesús

A. La oración en el Getsemaní

En el huerto de Getsemaní (Marcos 14:32-42) Jesús estaba comenzando a cargar con el peso de todo el pecado del mundo sobre Él, a tal grado que nuestro Señor alcanzó allí el punto mas intenso de aflicción (v.34). La copa amarga se acercaba a sus labios, la debilidad, la pena mas honda y la más atroz de las agonías estaban sobre Él (v.35-36).

B. Jesús pidió ayuda

Su necesidad de orar era apremiante, pues presentía los momentos difíciles que solamente con ayuda de su Padre podría soportar, sin embargo los discípulos tenían sueño y no podían permanecer orando: "Al volver, otra vez los halló durmiendo… Vino la tercer vez, y les dijo: Dormid ya, y descansad…" (vv.40-41).

Esta oración de Jesús en el Getsemaní quizás nos recuerda, alguna ocasión en que nosotros también necesitamos que alguien nos ayudara a orar por algún problema o alguna situación difícil que nos tocó vivir y pedimos a amigos y hermanos que oraran por nosotros y de esa manera nos sentimos respaldados.

La agonía de nuestro señor Jesús, comenzó allí en el Getsemaní, en uno de los momentos donde nuestro Señor manifestó su naturaleza humana, pero también destacó una notable sumisión a Dios, acompañada de una unidad de propósito para su gloria (v.36).

Así fue como Jesús se sintió en Getsemaní; entonces al igual que Él lo hizo podemos orar a nuestro Padre Celestial, para que el nos dé en ese momento la fortaleza que necesitamos y nos ayude cumplir su santa voluntad (Marcos 14:36).

II. Jesús se sujetó a la voluntad de Dios

A. La última muestra de obediencia

El evangelio de Marcos 15:27 nos cuenta como fue crucificado Jesús en medio de dos malhechores, en un lugar llamado de la Calavera (v.22). Nos dice que Jesús hablaba y lo dice en un tiempo verbal, indicando que lo hacía repetidamente.

¿Qué hablaba Jesús? Pues no insultos, no lamentos, si no que decía: "Padre perdónalos porque no saben lo que hacen" (Lucas 23:34).

B. Obediencia total

En el ministerio terrenal de Jesús nos damos cuenta que en todo momento se sometió a la voluntad de su Padre. Esto debe ser para nosotros sus seguidores un ejemplo a seguir. Aun en su agonía le tocó vivir momentos muy difíciles, que los aceptó porque entendió que esto era la voluntad del Padre (Marcos 12:43,49). Él sabía que todo esto obedecía a un plan y propósito divino. Como cristianos debemos anhelar llevar a cabo los planes y propósitos de Dios para nuestra vida, aunque estos de ninguna forma estén en consonancia con lo que nosotros deseamos.

III. El fin de su agonía

La agonía de Jesús tiene para nosotros grandes enseñanzas, al leer en la Biblia podemos imaginarnos la escena del Señor, dirigiéndose al calvario, fueron momentos muy difíciles los que le toco vivir; pero siempre estuvo sujeto a la voluntad del Padre. En ningún momento Jesús dudó que con su sacrificio estaría pagando el pecado de toda la raza humana; pues esta era la voluntadad divina.

El camino al calvario nos deja las siguientes enseñanzas:

Paciencia, Marcos 15:17-20. Cuando sucedió todo el escarnio, Él lo soportó y de sus labios no salió ninguna palabra de condenación para aquellas personas que gritaban vituperios contra Él.

Humildad, Marcos 15:23-32. El fin de su agonía también demostró su humildad al aceptar el camino a la cruz como un delincuente común, siendo el mismo hijo de Dios.

Sumisión, Marcos 15:34. En ese momento la sensación de abandono y soledad era total. Pero todo esto lo vivió por sometimiento completo a su Padre.

La agonía

Lección 37

Hoja de actividad

Versículo para memorizar: "Padre todas las cosas son posibles para ti; aparta de mi esta copa; mas no lo que yo quiero, sino lo que tú" Marcos 14:36.

I. Principio de la agonía de Jesús

¿En alguna ocasión usted ha sentido una profunda necesidad de que alguien le ayude a orar por algún problema? ¿Cuándo? _____

¿A quién busca cuando necesita apoyo en oración? _____

II. Jesús se sujetó a la voluntad de Dios

Recuerda usted algún momento de su vida, cuando oró por una situación, pero la respuesta de Dios fue otra? _____

¿Glorificó a Dios por ello? ¿Cuál fue su actitud? _____

¿Cómo cree que se sintió Jesús, cuando oró al Padre y la respuesta fue silencio o un no? _____

III. El fin de su agonía

Enumere las enseñanzas que aprendemos del fin de la agonía de Jesús:

a.) _____   b.) _____
c.) _____

Si usted estuviera en agonía, ¿Cuáles cree que serían sus últimas Palabras, y a quien las dirigiría? _____

Conclusión

El creyente en Cristo debe buscar siempre hacer la voluntad de Dios. Nuestro ejemplo a seguir es Jesús quien lo hizo hasta el fin de sus días.

La misión del Reino: Un mensaje para compartir

Lección 38

Sharon Víquez (Costa Rica)

I. La resurrección garantía de la misión

A. Una piedra removida

Marcos 16:1-6 relata que cuando las mujeres llegaron al sepulcro se sorprendieron al ver que la piedra había sido removida. Según el relato de Mateo 28:1-4,11-15 también los soldados romanos se sorprendieron, ante lo sucedido. Lo cierto es que no podían creer lo que sus ojos veían dentro del sepulcro, el cuerpo de Jesús no estaba allí. No sólo ellos fueron incrédulos, sino que la misma actitud tuvieron los discípulos al escuchar la noticia (Marcos 16:11,13).

La piedra del sepulcro fue quitada, no para que Jesús saliera, sino para que las mujeres pudieran tener acceso a él y confirmar con sus ojos lo que el ángel les dijo: "Ha resucitado, no está aquí, mirad el lugar" (v.6).

B. Evidencia de la resurrección

Posiblemente hoy, habrá personas que nos digan que la resurrección es una mentira, que el cuerpo de Jesús fue robado por sus discípulos. La resurrección de Cristo se evidencia en las Escrituras mucho más que otros hechos. Existen algunas evidencias que muestran que Jesús realmente murió y otras que resucitó.

1. Hubo un oficial romano que confirmó la muerte de Jesús ante Pilato (Marcos 15:44).
2. Juan hizo una importante anotación (Juan 19:34-35) mostrando que ya había muerto.
3. Jesús fue enterrado por personas que no eran sus seguidores sino por el contrario eran miembros del sanedrín (Juan 19:38-39), su entierro se dio en una tumba nueva en un jardín privado, cuya dirección era conocida.
4. Se conocen diez apariciones diferentes del Jesús resucitado ante más de 500 personas evidenciando su resurrección (Mateo 28:9-10,16-20; Marcos 16:9-19; Lucas 24:9-53; Juan 20:11-31; 21:1-25; Hechos 1:3-9; 1 Corintios 15:5-8).
5. Por otro lado vemos el cambio del día de adoración del sábado al primer día de la semana como muestra de la convicción de que Cristo resucitó temprano el primer día de la semana (Marcos 16:9).

II. Importancia de la resurrección

La resurrección es un tema central en el mensaje que debemos compartir como discípulos de Cristo. Jesús cumplió su promesa de levantarse de entre los muertos así que podemos creer que Él cumplirá todas sus otras promesas (Marcos 8:31, 9:31, 10:32-34).

Pablo escribió que la resurrección es una verdad crucial, sin la cual la fe no tiene valor y el pecado no tiene remedio. Al levantarse de la muerte, Cristo nos asegura que nosotros también resucitaremos, (Juan 14:19; 1 Corintios 15:21-26).

Como Cristo resucitó de la muerte (tal como prometió) eso nos revela que su afirmación es verdad: El es Dios y como resucitó, podemos estar seguros que Él intercede por nosotros (Romanos 8:34). También esto nos da una esperanza que así como el prometió resucitar y resucitó así también nosotros resucitaremos tal cual Él lo prometió (Juan 6:40; 2 Corintios 4:14).

III. Una misión que cumplir

A. Un mensaje que proclamar

El ejemplo de las mujeres en Marcos 16:5-8, 10, nos dice que al encontrarse con el ángel, las mujeres tuvieron temor, pero cumplieron con la tarea que les fue asignada.

La actitud de los discípulos en Marcos 16:10,13 nos muestra que después de ver a Jesús resucitado, la actitud de los discípulos, fue la misma que tomaron las mujeres.

El mandato de Jesús fue anunciar el mensaje a otros (Mateo 28:19-20, Marcos 16:15), el propósito misional para los cristianos estaba claro, Jesús mismo desafió a sus discípulos a ser sus testigos predicando el evangelio.

B. El poder para cumplir la misión

La iglesia primitiva asumió esta tarea con gran dedicación, "la Gran comisión" era el mandato dado por su maestro y líder y debía cumplirse, haciendo discípulos. Debemos dejar claro que el llamado que Dios hizo a los apóstoles y por ende a nosotros, trasciende la tarea del evangelismo, el llamado que nos ha sido dado es el de "hacer discípulos".

La misión del Reino: Un mensaje para compartir

Lección 38

Hoja de actividad

Versículo para memorizar: "Buscáis a Jesús nazareno, el que fue crucificado; ha resucitado, no está aquí" Marcos 16:6.

I. La resurrección garantía de la misión

¿Quiénes llegaron primero al sepulcro (Marcos 16:1-2)? _____

¿Cuál era su mayor preocupación (Marcos 16:3)? _____

Según las citas: Marcos 8:31, 9:31, 10:32-34, ¿qué promesa hizo Jesús sobre sí mismo? _____

II. Importancia de la resurrección

¿Cuál era la piedra que obstaculizaba la fe de los discípulos? (Marcos 16:11-13). _____

¿Qué les dijo Jesús al respecto? (Marcos 16:14). _____

III. Una misión que cumplir

¿Qué motivó la resurrección de Jesús en los discípulos? _____

¿Qué mandato nos dejó el Señor después de la resurrección? _____

Conclusión

Como cristianos, debemos evaluar nuestro compromiso con el reino de predicar la Palabra y hacernos preguntas como: ¿Con cuántas personas he compartido el mensaje de salvación? ¿Estoy dispuesto a vivir por el poder de su resurrección, a tomar el desafío de vivir la nueva vida en Cristo y ser testigo de su resurrección?

La llegada del Reino según Marcos

Lección 39

Patricia Picavea (Guatemala)

I. Jesús, el Señor del Reino

A. Los discípulos del Reino

Andrés y Simón dieron el primer paso, el cual consistía en poner atención a las palabras de Jesús, responder al llamado y seguirlo (Marcos 1:16-18).

Seguirle implica ponerlo a Él en el primer lugar de nuestras vidas, (Mateo 6:33), agradarle en todo, renunciar a nosotros mismos, renunciar a los bienes materiales si estos constituyeran un estorbo para seguirle, (Mateo 19:16-30), poner en segundo lugar otros compromisos y concentrarnos en el avance de su reino en esta tierra (Marcos 9:42-48).

B. La oposición al Reino

Algunas de las grandes críticas que recibió Jesús fue por sanar enfermos el día de reposo (Marcos 3:1-6), por andar con pecadores y publicanos (Marcos 2:16-17) y hay que entender que la vida del cristiano es una vida que se vive día con día, cuyo objetivo es el servir a Dios y hacer el bien sin importar el lugar o el día en que esto ocurra. Dios espera que sus hijos sean misericordiosos sin importar el lugar o el día en que se encuentren.

II. La confirmación de Jesús como Hijo de Dios

Afirmar que Jesús era el Cristo o negarlo, repercutiría para siempre. Evidentemente no se trataba de Juan el Bautista, ni de Elías ni de un profeta más. Jesús era el Mesías por tantos años prometido, era el verdadero hijo de Dios (Marcos 8:29).

La confesión de Pedro y la gloria mostrada en el monte mediante la transfiguración habían revelado definitivamente a Jesús como el Hijo de Dios. Ya no deberían existir dudas en aquel "equipo íntimo" de seguidores.

Hoy la actitud de los cristianos con respecto al Reino en muchos casos es de poco compromiso y muchas veces se convierte al igual que los fariseos en una actitud de observación y crítica sin involucramiento y sin la vivencia de la misericordia por sobre todas las cosas.

Podemos decir que existen tres requisitos importantes para los ciudadanos del Reino: Disposición a servir, disposición a vencer la tentación y disposición a renunciar a todo y seguirle (Filipenses 2:6-8). En el servicio de Jesús vemos dos características principales que tuvo su accionar y fueron la humildad y el amor. Y éstas dos características no pueden faltar en el ciudadano del Reino que sirve.

III. La revelación del reino

A. Un Reino diferente

El concepto secular de poder es totalmente opuesto al concepto de Reino que trajo Jesús (Marcos 10:43). A diferencia del mundo si deseo sobresalir en el reino de Dios deberé humillarme, servir, ver en que forma puedo ser útil a otros y hacerlo sin dudar. En éste Reino no se trata de ver como otros pueden o deben hacer algo por mí sino por el contrario como yo puedo hacer algo por mi prójimo.

B. Las revelaciones del reino

Jesús no sólo habló del Reino, sino que la presencia de éste fue manifiesta en los poderosos milagros a favor de los necesitados. Las sanidades, las resurrecciones y el dominio sobre la naturaleza, fueron demostraciones de la presencia del reino de Dios en la tierra (Lucas 4:18-19).

C. La agonía

En el ministerio terrenal, Jesús en todo momento se sometió a la voluntad de su Padre. Esto debe ser para nosotros un ejemplo a seguir, pues aún en su agonía, aunque vivió momentos muy difíciles, estuvo sujeto a la voluntad del Padre (Marcos 14:36).

D. La misión del reino

El mandato de Jesús fue anunciar el mensaje a otros (Mateo 28:19-20, Marcos 16:15), el propósito misional para los cristianos estaba claro, Jesús mismo desafió a sus discípulos a ser sus testigos predicando el evangelio (Marcos 3:14). Hoy el Señor sigue llamando a predicar este gran mensaje.

La llegada del Reino según Marcos

Lección 39

Hoja de actividad

Texto para memorizar: "El tiempo se ha cumplido, y el Reino de Dios se ha acercado; arrepentíos, y creed en el evangelio" Marcos 1:15.

I. Jesús, el Señor del Reino

¿Qué se entiende por seguir a Cristo? _____
_____
_____

Se ha preguntado ante alguna circunstancia ¿Qué haría Cristo en mi lugar? ¿Cuál fue el resultado? Si nunca se lo preguntó ¿cuál fue la causa? _____
_____
_____
_____

¿Qué tipo de apariencias hay hoy que nos impiden ser fieles cristianos? _____
_____
_____
_____

II. La confirmación Jesús como Hijo de Dios

¿Quiénes son los enemigos de la fe hoy? _____
_____

¿Cuál es nuestra actitud hacia el Reino hoy? _____
_____

III. La revelación del reino

¿Cuál es el concepto de poder en el reino de Dios? _____
_____

¿Es una verdad esto en nuestras vidas? ¿Cómo? _____
_____

Conclusión

El evangelio de Marcos nos presenta el reino de Dios desde diferentes perspectivas pero con un mensaje claro. Como hijos de Dios y ciudadanos de este Reino debemos imitar a Jesús y hacer la voluntad del Padre siempre, sin dejar de predicar en todo momento y lugar su Palabra.

La preparación de un siervo-líder

Humberto Salinas (México)

I. La formación de un siervo-líder

Para llegar a cualquier escalafón se debe aprender algo muy importante y es el saber recibir órdenes. Nada es instantáneo, todo tiene un proceso y eso es en todos los ámbitos de la vida.

A. La obediencia la mejor estrategia

La Biblia nos dice mucho acerca de la obediencia y para un siervo-líder podemos decir que es uno de los deberes supremos, obedecer a Dios por sobre cualquier mandato humano (Hechos 4:19). La obediencia a Dios debe hacerse de todo corazón, en todas las cosas en todo lugar y siempre (1 Juan 5:2-3). El pasaje de Éxodo 17:8-14 relata que Moisés era el representante de Dios ante el pueblo Hebreo y Josué debía obedecerle.

B. El reclutamiento

Josué escogió a las personas correctas para una tarea que no era nada sencilla, era una guerra (Éxodo 17:9-10). En esa ocasión la labor de Josué era reclutar personas. El debía seleccionar candidatos para desarrollar una función, debía buscar personas con potencial y capacidad para desarrollar la tarea.

C. Escribir para no olvidar

Al concluir la batalla (Éxodo 17:10-13), Dios mandó que se escribieran las memorias de lo sucedido para que nunca se olvidara (Éxodo 17:14a). También pidió que se le dijera a Josué que terminaría con los amalecitas (Éxodo 17:14b). Josué se estaba formando para ser el futuro líder del pueblo de Israel así que debía tener presente todo lo que sucedería, esto también lo ayudaría en su fe.

Dios dio un mandato que sería para futuras generaciones, los Amalecitas debían desaparecer.

II. Un siervo-líder con un gran espíritu

A. Josué el siervo que no se separaba de Moisés

Josué siempre buscó el momento y la oportunidad de estar sirviendo al siervo-líder del momento que era Moisés. Alguien que anhela de todo corazón ser usado por Dios y llevar la bandera del cristianismo muy en alto toma la actitud que tomo Josué, que su pensamiento era sólo servir y buscaba los momentos para estar cerca de su líder y aprender de él, es por eso que Josué nunca se apartaba de Moisés (Éxodo 33:7,11).

B. Moisés pidió a Dios su sustituto con un gran espíritu

Sólo dos jóvenes después de inspeccionar la tierra de Canaán creyeron que la podían conquistar y ellos fueron Josué y Caleb (Números 13:30). Más adelante Moisés hizo una oración desde lo profundo de su ser y le pidió a Dios que alguien tomara su lugar, él ya estaba cansado de seguir deambulando por el desierto, con un pueblo que nunca se conformaba (Números 27:18). Un candidato a ser siervo-líder, se reconocerá por su gran espíritu, humildad, sumisión y disposición a aprender. Si reúne esas características hay mucha posibilidad de que el Señor lo use en el futuro.

III. Respaldado y fortalecido por Moisés

A. Josué recibió el respaldo de Moisés

Dios le pidió a Moisés que le delegue de su responsabilidad a Josué, la persona que había servido a su lado llegó a ser su sucesor y el líder del pueblo (Números 27:20). Un hombre de Dios debe aprender que no podrá hacer todo solo sino que necesita buscar a siervos que quizás con el tiempo lleguen a tomar su lugar. Para esto debe ir capacitándolo poco a poco, haciéndolo partícipe de todas sus actividades y responsabilidades.

B. Josué fue fortalecido por Moisés

Dios le pidió a Moisés que animara a Josué, porque el entraría a Canaán y porque el haría heredar a Israel (Josué 1:6). Moisés no estaba triste, estaba de acuerdo con su realidad en el momento, pero tenía una responsabilidad todavía en su mano y era la de animar y fortalecer a Josué.

La preparación de un siervo-líder

Lección 40

Hoja de actividad

Versículo para memorizar: "Josué hijo de Nun, el cual te sirve, él entrará allá; anímale, porque él la hará heredar a Israel" Deuteronomio 1:38.

I. Como estratega siendo general del ejército

¿Cuál es una de las características importantes que encontramos en Josué? (Éxodo 17:9-10). _____

¿Según el pasaje anterior qué debía hacer Josué y cómo lo hizo? _____

¿Hasta qué grado y de qué forma estás comprometido con su líder inmediato en la iglesia? _____

II. Como servidor y ayudante con un gran espíritu

¿Qué tiempo pasa cerca ya sea de un líder de la iglesia o del pastor? _____

¿Qué hace en ese tiempo que pasa cerca del líder o del pastor? _____

¿Es un siervo leal y positivo para con su pastor? SI_____ NO_____
¿Cómo lo demuestras? _____

III. Respaldado y fortalecido por Moisés

¿Cómo interpreta el pasaje de Números 27:20? _____

¿Qué enseñanza que pueda poner en práctica le deja esta lección? _____

Conclusión

Josué llegó a ser un gran siervo-líder porque fue obediente a Dios y a su líder inmediato. Nunca perdió el espíritu optimista y se mantuvo en un espíritu de humildad. Cuando Moisés lo llamó, escuchó atentamente las palabras de ánimo y se hizo fuerte.

Josué: Un modelo de siervo-líder

Lección 41

Orlando Serrano (EUA)

I. El siervo-líder permanece en sujeción

La palabra siervo-líder no la vamos a encontrar en este ni en los otros pasajes que estudiaremos en esta lección. Sin embargo, es obvio que Josué encarnó en su vida lo que esto significa. Josué entró al escenario de la narración bíblica en Éxodo 17:8-16. El pasaje no nos da ninguna nota biográfica de quien era él. Sin embargo, podemos deducir que Josué era un guerrero valiente quien obedecía las ordenes de Moisés (Éxodo 17:8-10). En Números 11:28 Josué es identificado como "ayudante de Moisés".

A. El punto de partida hacia la grandeza es la humildad

El escritor sagrado nos presenta a Josué como servidor (Éxodo 24:13,33:11; Josué 1:1) y "ayudante de Moisés" (Números 11:28). La primera fase en la formación de un siervo-líder es desarrollar su actitud de siervo. Josué aprendió a seguir instrucciones, a esperar y actuar cuando se le indicara.

B. Dios es el que enaltece

Dios habló con Moises para hacerle saber que ni la generación que había dudado de Él, ni él, entrarían a la tierra prometida (Deuteronomio 1:35,37,38a). Josué nunca se imaginó que su servicio y sujeción le conducirían un lugar de preeminencia. Pero él ya había sido entrenado en servir, ahora estaba listo para guiar (Salmo 75:6-7).

II. El Siervo-líder debe tener fe y valor

A. El siervo-líder acepta los desafíos

El siervo-líder es una persona de valor, acepta los desafíos no importando cuán grandes sean. Una de las funciones del siervo-líder es inspirar confianza en los que guía; señalar las posibilidades y no los problemas. Esto es precisamente lo que hizo Josué con el pueblo de Israel (Números 14:6-8). El siervo-líder debe ayudar al pueblo a que aparte los ojos del problema y los ponga en Dios: 1) Debe asegurarse que el pueblo mantenga una buena relación con Dios (Números 14:8ª). 2) Debe asegurarse que el pueblo ponga su confianza en Dios (Números 14:8b). 3) Debe recordarle al pueblo que vale la pena el esfuerzo (Números 14:8c).

B. El siervo-líder debe ser una persona de fe

La tarea del siervo-líder no es pretender que las cosas no son tan serias como parecen, sino señalar a sus seguidores las posibilidades y los recursos disponibles. En el caso de Josué, saber que contaba con Dios era suficiente. El podía confiar en Dios basado en su experiencia personal. Por eso exhortó al pueblo :"No seáis rebeldes contra Jehová, ni temáis al pueblo de esta tierra… con nosotros está Jehová…" (Números 14:9). Esto es fe.

III. El siervo-líder es esforzado y lleno del Espíritu

A. La responsabilidad del llamado

El tiempo de transición había llegado y Moisés estaba entregando el liderazgo a Josué y lo exhortó a que se esforzara y tuviera ánimo. Todo logro significativo requiere esfuerzo. Buenas intenciones y planes elaborados no son suficientes. Se requiere acción—esfuerzo. Josué conocía muy bien al pueblo de Israel y sabía por experiencia que guiarlos no sería tarea fácil. Él los había visto reaccionar ante los obstáculos y desafíos del camino.

B. La garantía de la presencia de Dios

Josué conocía a Dios. Él lo vio abrir el mar Rojo, sacar agua de la roca, hacer caer pan del cielo, etc. Si el pueblo no cooperaba con él y lo dejaban, Dios no lo dejaría ni lo desampararía. Con Él por delante no había nada que temer ni nada que lo intimidara.

C. La llenura con el Espíritu de Dios

Lo que convirtió a Josué en un siervo-líder fue la presencia del Espíritu de Dios en su vida (Deuteronomio 34:9). Josué fue lleno de poder. La frase "espíritu de sabiduría" es una referencia a la obra del Espíritu Santo.

Josué: Un modelo de siervo-líder

Lección 41

Hoja de actividad

Versículo para memorizar: "Si Jehová se agradare de nosotros, él nos llevará a esta tierra, y nos la entregará; tierra que fluye leche y miel" (Números 14:8).

I. El siervo-líder permanece en sujeción

¿Cómo lo presenta la Biblia a Josué? (Éxodo 24:13, 33:11; Números 11:28, Josué 1:1). _____

II. El Siervo-líder debe tener fe y valor

¿Qué debería hacer Josué como el nuevo siervo-líder de Israel? (Deuteronomio 31:7). _____

¿Qué garantizaría el éxito de Josué como siervo-líder de Israel? (Deuteronomio 31:8) _____

¿Qué le sucedió a Josué cuando Moisés puso las manos sobre él? (Deuteronomio 34:9). _____

III. El siervo-líder es esforzado y lleno del Espíritu

¿Cuáles eran los desafíos que el pueblo de Dios tendría que enfrentar al entrar en la tierra de Canaán? (Números 13:28, 32-33). _____

¿Qué era lo único que necesitaban Josué y el pueblo de Dios para conquistar la tierra? (Números 14:9). ___

Conclusión

El siervo-líder es una persona que no tiene dificultad en sujetarse a la autoridad, su vida es guiada por el Espíritu Santo y su fe en Dios lo capacita para enfrentar los desafíos más grandes de la jornada. El siervo-líder inspira a otros a no quedarse cortos con el plan y propósito de Dios para sus vidas.

Dios llamó a un siervo-líder

Lección 42

Etan Bardales (Honduras)

I. Un siervo llamado por Dios

A. El llamado y la misión

La misión de Dios para Josué consistió en pasar el pueblo de Israel desde el campamento en Sitim hasta Canaán, lo que en la actualidad es el país de Israel (Josué 2:1). Para cuando Dios le dio instrucciones a Josué, ya Moisés había muerto, y fue allí la prueba de liderazgo. Dios conocía a Josué y sabía que él tenía la capacidad de hacer lo que le estaba pidiendo. Cuando Dios tiene una misión, siempre llama a un hombre o una mujer para llevarla a cabo y en ese momento se convierten en las manos, los pies y la boca de Dios en este mundo.

B. Josué recibió promesas

Josué había visto todos los prodigios y maravillas que el Señor había hecho a través de Moisés; eso le generaba una excelente confianza (Josué 1:5b), sabía quien era Jehová. Aparte tenía la maravillosa promesa de parte de Dios "No te dejaré". Josué sabía que esta promesa de no dejarlo, era un garante de tener la posesión de la tierra prometida. Él sabía que cuando Jehová prometía algo, lo cumplía (Josué 1:5c).

C. Josué y la ley

Cuando Dios le da una misión a un siervo-líder, éste debe esforzarse al máximo para lograr hacer aquello que Dios quiere que haga, (Josué 1:7a).

Josué sabía que cumplir la ley implicaba una gran responsabilidad, él conocía la ley que Dios había dado a Moisés, de hecho, él mismo había estado cerca cuando éste recibió las tablas, la primera y la segunda vez.

Su consejo y accionar debía ser de acuerdo a la ley siempre (Josué 1:8a). El mandato de vivir una vida devocional diaria; es otra cosa que debía tener en cuenta (Josué 1:8b) es maravilloso sentir como crece uno en relación estrecha con Dios cuando hace un devocional diario, cuando aparta un tiempo para meditar en la Palabra.

II. Un siervo-líder reconocido por el pueblo

A. Las directrices de Josué

La primera directriz de Josué se encuentra en Josué 1:10-11. Esta directriz fue muy importante ya que el pueblo necesitaría fuerzas suficientes para el camino tan largo que les esperaba.

La segunda directriz que Josué dio se encuentra en Josué 1:12-15. Josué debía hacer ver a los rubenitas y gaditas que era necesaria su ayuda para que sus hermanos poseyeran también la tierra que Jehová les había prometido.

B. Un siervo-líder respaldado

Como hemos dicho antes, Josué creció sirviéndole al Señor y sirviendo al lado de Moisés, esto le permitió ganar influencia con el pueblo, de ser un joven sin experiencia pasó a ser el líder que llevaría al pueblo de Israel a Canaán, la tierra prometida.

El pueblo conocía el testimonio de Josué a través de toda su vida; cuando un líder se ha ganado esa confianza, el pueblo apoya sin condición y lo respalda.

En el versículo 16, el pueblo respondió afirmativamente al mandato de Josué.

A través de éste siervo-líder pudimos aprender cuatro cosas importantes.

1. Cuando Dios nos llama, debemos sin titubear aceptar su llamado y trabajar para engrandecer su Reino.
2. Al igual que Josué si hemos recibido ese llamado, podemos crecer gradualmente junto a otro siervo-líder mentor que haga el papel de Moisés, para que nos enseñe a seguir los planes de Dios para nuestras vidas.
3. El siervo-líder no se forma de la noche a la mañana, es un proceso que se va desarrollando poco a poco, hasta convertir al hombre o la mujer en un siervo-líder al que todos escuchen.
4. El siervo-líder necesita un grupo de hermanos, es decir otros siervos-líderes para que ayuden en las diferentes actividades del reino de Dios en esta tierra.

Dios llamó a un siervo-líder

Hoja de actividad

Versículo para memorizar: Mi siervo Moisés ha muerto; ahora pues, levántate y pasa este Jordán, tu y todo este pueblo, a la tierra que yo les doy a los hijos de Israel Josué 1:2.

I. Un siervo llamado por Dios

Según Josué 1:2 ¿Cuál fue el mandato de Dios para Josué? _____

Lea el versículo 5 y enumere tres promesas de Dios para Josué. _____

¿Qué otros mandatos recibió Josué (Josué 1:5-9)? _____

II. Un siervo-líder reconocido por el pueblo

¿Cuáles fueron las directrices dada en Josué 1:10-11 al pueblo? _____

¿Qué actitudes sobresalen en Josué 1:10-15? _____

Según el versículo 16, ¿Cuál fue la respuesta de los rubenitas, gaditas y los de Manases para Josué? _____

Conclusión

Muchas veces lo que nos toca hacer no es sencillo, pero si el Señor guía nuestros pasos veremos el avance del Reino y seremos buenos siervos-líderes respaldados por el pueblo.

Josué, un siervo-líder organizado

Lección 43

Débora Acuña (Chile)

I. La estrategia de Josué

Cuando Jehová le encargó a Josué la misión de guiar a su pueblo a la tierra prometida (Josué 1:2) él comprendió enseguida que era una labor importante, y aunque Jehová sería quien le daría la victoria, Josué no se quedó esperando, él decidió idear una estrategia sabia y prudente. Sin duda la promesa de Dios era verdadera, pero Josué se encargó de todos los preparativos.

A. Escogió a personas confiables

Josué envío dos espías para que recopilaran la mayor información posible (Josué 2:1).

Los hombres que envió eran confiables, discretos y prudentes, ya que no se debieron de su misión. Los dos espías fueron guiados por Dios en su hazaña, y aunque tuvieron que enfrentar diversos peligros, Dios les acompañó y les dio la sabiduría para salir airosos ante la situación.

B. Josué dio a conocer el plan

Josué habló en secreto con quienes serían los dos espías enviados y les dijo que Jericó (Josué 2:1) sería la tierra a poseer.

Los espías no necesitaron más razones para partir rumbo a Jericó, ellos estaban seguros de su Dios y de su líder. Antes de comenzar la misión ellos ya tenían la certeza de una victoria, lo podemos ver a través de su desempeño. Ellos no titubearon, nunca pensaron en regresar, nunca tuvieron dudas acerca de si era lo correcto o no, Dios les dio plena seguridad para realizar la misión encomendada por Josué, su líder.

II. Desarrollo de la estrategia

Toda estrategia tiene su desarrollo y depende netamente de su cumplimiento para que la misión llevada a cabo finalmente cumpla sus objetivos. Los dos espías necesitaban cumplir la misión y volver a salvo, con la información que necesitaban para obtener la victoria. Necesitaron concentrarse y no perder el sentido de su visita a Jericó, ya que en el camino encontrarían distracciones, peligros y tendrían que tomar más de una decisión importante que determinaría el futuro de su hazaña.

A. Enfrentaron peligros

Dios pone personas para protegernos, paga guiarnos, tal como lo relata en la hazaña de estos dos espías. Dios puso en el corazón de Rahab el protegerles (Josué 2:6); "Y les aconsejó: Escóndanse en los cerros para que la gente del rey no los encuentre. Quédense allí tres días, hasta que ellos regresen; y después de eso, sigan su camino. Antes de irse, los espías le dijeron: "Te hemos hecho un juramento, y lo cumpliremos" (2:17 TLA), ella se puso de parte de los espías y contra de su rey y su pueblo, arriesgando aun hasta su propia vida.

B. Negociaron y acordaron

Los espías pusieron sus vidas en garantía de que cumplirían si ella no les delataba.

Cuando la mujer les pidió conservar su vida y la de su familia por su valiosa información y por no delatarlos, los espías accedieron, pero cómo podrían identificar a su familia para no tocarla, recordemos que los dos espías no serían los únicos en batallar contra Jericó, por tal razón es que los espías hicieron un plan, a través de cual podrían cumplir su promesa (Josué 2:17-21). Tomaron la precaución necesaria para que sus palabras fueran cumplidas. Cuando entregamos nuestra palabra necesitamos asegurarnos de cumplirla, si fácilmente nos olvidamos de los acuerdos que tomamos, o somos despistados, necesitamos crear un plan que nos ayude a recordar y así cumplir con lo que prometemos.

III. Rendición de cuentas

Cuando los espías volvieron a Josué, quien les había enviado, le entregaron toda la información que habían logrado recopilar, además de contarle lo que habían tenido que pasar para obtenerla: "Entonces volvieron los dos hombres; descendieron del monte, y pasaron, y vinieron a Josué hijo de Nun, y le contaron todas las cosas que les habían acontecido" (Josué 2:23-24). Los espías sabían que la información era importante entregarla a tiempo, es por ellos que lo primero que hicieron fue entregarla. Además de entregar un informe de su hazaña, ellos le dijeron a Josué que Dios había entregado esa tierra en sus manos.

Josué, un siervo-líder organizado

Lección 43

Hoja de actividad

Versículo para memorizar: "Y dijeron a Josué: Jehová ha entregado toda la tierra en nuestras manos; y también todos los moradores del país desmayan delante de nosotros" Josué 2:24.

I. La estrategia de Josué

¿Cuál era el motivo por el cual Josué decidió enviar espías a Jericó? (Josué 2:1). _____
_____
_____

II. Desarrollo de la estrategia

¿Cuál fue el primer peligro que enfrentaron los dos espías? (Josué 2:2-3). _____
_____
_____

¿Con quién negociaron los espías y por qué? (Josué 2:8-21). _____
_____
_____

¿Por qué fue importante llegar a algún acuerdo en esta ocasión? _____
_____
_____

III. Rendición de cuentas

¿Fueron de aliento las noticias que trajeron los espías a Josué? (Josué 2:24). En caso de ser así, explique por qué. _____
_____
_____

¿Qué enseñanza práctica deja esta lección a mi vida? _____
_____
_____

Conclusión

Dios quiere usarnos. Todas las tareas por muy pequeñas que se vean son importantes para Dios y elementales para lograr un objetivo. Sólo necesitamos crear una estrategia para cumplir con cada detalle. Dios será quién nos ayude a saltar los obstáculos y nos dará la victoria, la cual es segura.

Dependencia y confianza del siervo-líder

Lección 44

Joel Castro (España)

I. Confianza y dependencia en Dios al cruzar el Jordán

Dios quiso recordar a esta nueva generación que Él seguía siendo el mismo Dios de sus antepasados; aquellos que siguieron a Moisés en el cruce del mar Rojo, aunque por su rebeldía ya no estaban vivos.

A. Josué demandó que se santificaran

Josué estaba decidido a seguir adelante con la campaña de lograr la tierra prometida. Por eso trajo al pueblo hasta las riberas del río Jordán (3:1) y después de tres días le hizo una petición al pueblo: "Santificaos…" (v.5).

Hoy en día también Dios quiere que nos hagamos esta misma demanda. Si queremos ver la gloria de Dios en nuestras vidas debemos analizarnos interiormente y buscar la santificación del Espíritu.

Si buscamos y seguimos la santidad de Dios en nuestras vida podremos ver grandes maravillas; "Santificaos, porque Jehová hará mañana maravillas entre vosotros" (Josué 3:5).

B. Josué tuvo el respaldo de Dios

Probablemente Josué pensaba pasar el Jordán tal como lo previó con sus oficiales, porque había dado algunas instrucciones para tal acción (Josué 3:1-4). Sin embargo, Dios proveyó algo maravilloso dentro de ese plan.

El respaldo divino trae autoridad. El pueblo de Israel tenía que saber a quién Dios había levantado como líder. Y los sacerdotes eran los primeros que debían acatar las órdenes para guiar al pueblo sin divisionismo. Por esta razón Josué, mandó a los sacerdotes llevar el arca del pacto tal y como Dios le había dicho (3:8).

C. Josué mandó a tomar doce piedras

Una de las cosas grandes que hizo Dios con Moisés y que hasta hoy en día es un hecho de gran admiración, es el cruce del mar Rojo en seco. Pues siendo el mismo Dios, hizo la misma proeza con Josué cruzando al pueblo a través del río Jordán en seco. Una vez más Dios mostró su poder a esta nueva generación y ordenó que cada tribu escogiera una piedra del Jordán para que las generaciones siguientes recordaran ese gran hecho (Josué 4:4-7).

II. Confianza y dependencia de Dios ante Jericó

En la vida tenemos diferentes retos y desafíos, el pasado viene a ser una simple historia, pero si vamos agarrados del poder del Señor, cada desafío siguiente será una experiencia que nos servirá de motivación sabiendo que Él está con nosotros. Para Josué el cruce del río Jordán en seco quedó atrás, de la embravecida agua pasó a encontrarse con los cimientos de una ciudad amurallada.

En este pasaje encontramos la confianza y dependencia de Josué en tres puntos importantes, veámoslo:

A. Confianza en las promesas divinas

No hay nada mejor que las promesas de un Dios todopoderoso y especialista en lo imposible y Josué lo sabía, sólo esperaba la oportunidad que se cumpliese (Josué 6:2). Nuestra esperanza radica en las promesas de Dios y la Biblia es un manual de vivas promesas para nosotros.

B. Confianza en el plan de Dios

Hay muchos comentaristas que hablan de Josué como un conquistador (Josué 6:3-5). Sin embargo, si analizamos bien los hechos vemos a un Dios que obra según sus planes y no conforme una mera conquista humana.

C. Confianza en Dios a pesar de las fortalezas enemigas

Josué como el general de todo un ejército tuvo que enfrentarse a la fortaleza llamada Jericó en su camino hacia la tierra que fluye leche y miel: Canaán. Josué siguió cada paso tal como Dios se lo pidió (Josué 6). Su obediencia fue al milímetro y con mucho orden. Las cosas del Señor hay que ejecutarlas como Él quiere no como nos place. No debemos olvidar pedir en oración discernimiento y sabiduría para hacer las cosas conforme a la voluntad del Señor.

Dependencia y confianza del siervo-líder

Lección 44

Hoja de actividad

Versículo para memorizar: "Y Josué dijo al pueblo: Santificaos, porque Jehová hará mañana maravillas entre vosotros" Josué 3:5.

I. Confianza y dependencia en Dios al cruzar el Jordán

¿Cuál fue la demanda de Josué al pueblo? (Josué 3:5). _____

¿Qué dicen los siguientes versículos bíblicos?

Romanos 12:1 _____

Efesios 4:24 _____

I Tesalonicenses 4:3 _____

I Tesalonicenses 4:7 _____

II. Confianza y dependencia de Dios ante Jericó

¿Cuáles son los tres puntos importantes en este capítulo?

1. _____
2. _____
3. _____

¿Qué promesas encontramos en los siguientes versículos bíblicos?

Salmo 34:7 _____
Salmo 60:12 _____
Romanos 8:31 _____
Romanos 8:37 _____
I Pedro 5:7 _____

Conclusión

El cruce del río Jordán y las murallas de Jericó representan los obstáculos y problemas que tenemos que enfrentar en nuestras vidas. ¿Estamos listos para ver grandes prodigios a nuestro alrededor? Recordemos, las circunstancias adversas son oportunidades para ver el poder del Señor; confiemos y dependamos de Él.

Lección 45: Reconocimiento y agradecimiento a Dios

Efraín Ungría (España)

I. La gratitud, un mandato divino

La gratitud es una disciplina espiritual que podemos y debemos aprender. Debemos esforzarnos en ser agradecidos pues, por norma general, los seres humanos tenemos tendencia a recordar las cosas malas que nos pasan, pero a olvidar fácilmente las cosas buenas que nos suceden. Es por eso que Dios le mandó al pueblo de Israel que aprendiera a ser agradecido y no olvidara lo que Dios estaba haciendo por ellos (Josué 4).

A. La obediencia de Josué al mandato de Dios

En Josué 4:1-6 narra que apenas Josué pasó el Jordán Dios le habló. Podríamos pensar que con todo el ajetreo de hacer pasar a un pueblo entero de una orilla a otra, a Josué le hubiese sido fácil no oír la voz de Dios. Pero nada más lejos de la realidad. Josué era sensible a la voz de Dios y no dejó que las presiones y ocupaciones del ministerio le impidiesen escuchar lo que Dios quería comunicarle. Un siervo-líder debe, como Josué, estar atento a la voz de Dios y no demorarse en cumplirla, pues recordemos que es a Dios a quien servimos.

B. El pueblo obedeció a Josué

La obediencia no vino sólo por parte de Josué, sino que todo el pueblo obedeció "Y los hijos de Israel lo hicieron así como Josué les mandó…" (Josué 4:8-20). El pueblo conocía a Josué y sabía de su compromiso y dedicación a Dios, por eso le siguieron en el proyecto de levantar las doce piedras conmemorativas.

C. El propósito de las doce piedras

Estas piedras no eran un capricho de Dios, sino que serían una señal que serviría para generaciones futuras "…para que esto sea señal entre vosotros; y cuando vuestros hijos preguntaren a sus padres mañana, diciendo; ¿qué significan estas piedras?(Josué 4:6). El propósito de levantar ese monumento era que generación tras generación, recordase y agradeciese lo que Dios hizo por el pueblo de Israel para darles la tierra que había prometido a Abraham

II. Los beneficios de la gratitud

Cuando Dios nos pide que seamos agradecidos es por nuestro bien. La gratitud traerá grandes beneficios a nuestra vida.

A. Es el antídoto contra el orgullo

La gratitud nos ayudará a vivir vidas humildes. Cuando no agradecemos es porque pensamos que merecemos lo que hemos recibido. Un corazón agradecido hacia Dios nos llevará a una verdadera adoración. Recordemos la historia de la mujer que le ungió los pies a Jesús (Lucas 7:36–50). ¿No fue una mayor gratitud lo que llevó a una mayor adoración?

B. Nos ayuda a vivir en contentamiento

Por último podemos reseñar que la gratitud nos ayudará a vivir en una actitud de contentamiento. El apóstol Pablo es una prueba de ello. En Filipenses 4:11-13 Pablo nos habla de cómo él aprendió a vivir contento en cualquier situación que le sobreviniese.

III. Cultivando la gratitud

Hoy vamos a estar viendo tres cosas que nos ayudarán a hacer de la gratitud un modo de vida.

A. Aprende a dar gracias por todo

En 1 Tesalonicenses 5:18 el apóstol Pablo nos dice: "Dad gracias en todo, porque esta es la voluntad de Dios para con vosotros en Cristo Jesús". Debemos aprender a dar gracias a Dios por todas las circunstancias que nos toque vivir.

B. Levantar monumentos

De la misma manera que el pueblo de Israel levantó las doce piedras para no olvidar que Dios les había hecho cruzar el Jordán (Josué 4:20), nosotros también podemos levantar nuestros monumentos.

C. Escribe un diario espiritual

El pueblo de Israel tenía un registro de toda su historia y los milagros que Dios obró en medio de ellos. Ese registro forma gran parte de la Biblia que hoy tenemos en nuestras manos.

Lección 45: Reconocimiento y agradecimiento a Dios

Hoja de actividad

Versículo para memorizar: "Dad gracias en todo, porque esta es la voluntad de Dios para con vosotros en Cristo Jesús" (1 Tesalonicenses 5:18).

I. La gratitud, un mandato divino

Escriba y comparta con los compañeros de clase algún evento que sucedió en los últimos meses por el cual quiera dar gracias a Dios. _____

_____
_____
_____
_____
_____

II. Los beneficios de la gratitud

¿Qué más beneficios cree que nos trae la gratitud a nuestras vidas? _____

_____
_____
_____
_____
_____

III. Cultivando la gratitud

¿Qué tipos de monumentos puedo levantar para no olvidar algún hecho relevante de Dios en mi vida?_____

_____
_____
_____
_____
_____

Conclusión

Un siervo-líder debe cultivar un corazón de gratitud hacia Dios. No es algo opcional, es un mandato divino para cada uno de nosotros. Así mismo, la gratitud no debe quedarse en nosotros, debemos preocuparnos de transmitir a las siguientes generaciones las grandes obras que Dios ha hecho en nosotros.

El pecado que no quedó oculto

Lección 46

John Hall Jr. (EUA)

I. La comprensión del siervo-líder de que algo andaba mal

Examinemos, pues, lo que este pasaje nos da a entender sobre la responsabilidad del siervo-líder y del pueblo frente a las oportunidades para ser fiel a Dios o para rebelarse contra su voluntad. Debe quedar claro que meter mano a lo que pertenece al Señor es cosa seria. Es anatema.

A. El pecado trascienda la vida personal

Esta historia inicia con una afirmación del pecado colectivo de los hijos de Israel, (Josué 7:1). En nuestra cultura occidental asumimos que las decisiones tomadas por un individuo son un asunto estrictamente personal. Pero Dios esclarece que el pecado nunca es un acto solitario de consecuencias únicamente personales. En realidad, casi todo lo que hacemos, bien o mal, tiene consecuencias que impactan a las personas que nos rodean.

El pueblo de Hai era tan pequeño que todos pensaron que con unos pocos guerreros lo derrotarían y seguirían con la conquista de la tierra prometida. Pero no fue así. El pecado de uno solo entorpeció el proyecto para todos.

B. Consecuencias del pecado

Las consecuencias de la acción pecaminosa de un hombre necio no se hicieron esperar. La respuesta divina al pecado cometido por Israel, a través de la acción de Acán, reveló su actitud frente al pecado. El pecado de rebelión no se soluciona con unas palmaditas, ni con un fuerte regaño, ni siquiera con una multa. La respuesta del hombre ante Dios cuando su pecado es reconocido tampoco puede ser una "disculpa", o un "perdón", ni cumplir una penitencia. Actitudes tan leves reducen la severidad del pecado meramente a un error de juicio o a un traspié. Descubrimos en esta historia que una tarea imprescindible del siervo-líder del pueblo de Dios es afirmar tanto lo inaceptable que es el pecado, como las consecuencias funestas que conlleva. No se engañe, escribió Pablo, Dios no puede ser burlado (Gálatas 6: 7). Por el pecado de Acán, murieron 36 personas además de su propia familia.

II. La acción frente al pecado

A. La respuesta de Dios a Josué

Bien reconoció Josué que los cananeos se infundirían de valor por la victoria de Hai. Menospreciarían el nombre de Jehová, así como la capacidad de su pueblo para conquistar la tierra. Pero, lo que más sobresale en la oración es su vergüenza (Josué 7:6-9).

Mas Dios no se impresionó por la oración (Josué 7:10-12). Al contrario, Dios le dijo, "Levántate; ¿por qué te postras así sobre tu rostro?" A continuación, Dios explicó el mal que se había cometido y le dio instrucciones para purgar el pecado y santificar nuevamente a su pueblo (Josué 7:13-15).

B. Confrontación individual a Acán

Habiendo explicado el proceso de purificación al pueblo, Josué identificó al malhechor usando el proceso de selección por suertes (con Dios manifiestamente determinando los resultados) de las tribus y familias, hasta llegar a la persona culpable, (Josué 7:16-25). Cuando Acán fue identificado como el causante de este grave mal, Josué le dio la oportunidad para confesar el pecado que había cometido. ¡Qué escena más triste vemos en este relato de la sentencia que se llevó a cabo (vv. 24-25)! Nuestro texto para memorizar bien dice: "porque la paga del pecado es muerte".

C. Dejar una señal para el pueblo

En estos días no le damos tanta importancia a los símbolos como en tiempos bíblicos. Levantar un "gran montón de piedras" fue un acto simbólico que proveería un recuerdo cada vez que alguna persona pasara por allí (Josué 7:26).

En esta época cuando el pecado es considerado por muchos como inevitable, nosotros también necesitamos levantar símbolos del rechazo y la indignación divina frente a cualquier acto de rebelión o desobediencia a los preceptos claramente identificados en la Palabra de Dios.

El pecado que no quedó oculto

Lección 46

Hoja de actividad

Versículo para memorizar: "Porque la paga del pecado es muerte, mas la dádiva de Dios es vida eterna en Cristo Jesús Señor nuestro" Romanos 6:23.

I. La comprensión del siervo-líder de que algo anda mal

¿De qué manera Josué indicó en su oración que él era responsable por la vida del pueblo? (Josué 7:7) _____

¿Cómo ilustra esta historia que el pecado nunca es un asunto meramente personal? _____

II. La acción frente al pecado

¿Qué demuestra la oración de Josué? (Josué 7:6). _____

¿Cómo respondió Dios ante la actitud de Josué? (Josué 7:10-15). _____

¿Cuál fue la solución que Dios le da a Josué para el problema? _____

III. Dejar una señal para el pueblo

¿Quién decidió de qué manera se debía resolver el problema del pecado? (Josué 7:25)? _____

¿Cuál es la forma de enfrentar el pecado hoy? _____

Conclusión

Quien es siervo-líder tiene la obligación de guiar a su pueblo al arrepentimiento y a la obediencia fiel a la voluntad de Dios.

Alianzas peligrosas

Cléver Tobar (Ecuador)

I. Alianzas establecidas impulsivamente

Gabaón estaba situada a diez kilómetros al noroeste de Jerusalén y a unos once kilómetros al sud este de Hai, ciudad ya conquistada por Israel cuando sucedió este episodio en Josué 9:3-14.

El pueblo de Dios estaba listo para tomar posesión de las naciones cercanas al territorio donde se encontraban. Los Gabaonitas "recurrieron a la astucia" (Josué 9:4), en realidad una mentira que consistió en aducir que eran una nación lejana que deseaban unirse a Israel y reconocer la grandeza de su Dios.

Estos siervos de Dios fueron engañados fácilmente y establecieron esta alianza impulsivamente, sin analizar lo que estaban decidiendo. Las evidencias de los gabaonitas eran superficiales y fácilmente disfrazadas (Josué 9:3-5). Aunque aparentemente eran reales, si hubieran tomado tiempo para investigar las evidencias hubieran llegado a establecer que estaban siendo estafados y lo que les decían era fruto de una mentira (Josué 9:6). Josué y su gente no dedicaron tiempo para meditar y comprobar los hechos (Josué 9:14).

II. Alianzas establecidas sin "consultar a Dios"

Antes de la muerte de Moisés, varias veces encontramos a Josué en acontecimientos muy importantes del pueblo de Israel. Fue escogido como jefe del ejército (Génesis 17:8-9), colaborador de Moisés en diferentes ocasiones (Éxodo 24:13; 32:17; 33:11), etc. No era un neófito o sino todo lo contrario.

En este pasaje de Josué 9 parece describir a un líder y un pueblo ingenuos, dejándose influenciar por las apariencias y las palabras adornadas. Compartieron el pan o las provisiones con ellos (Josué 9:14), sin importar el estado en las que éstas estaban y el significado que tenía el aceptarlas. Solamente el hecho de compartir comida era señal de amistad, hospitalidad y alianza; información que ellos no tomaron en cuenta, era una señal inviolable (Génesis 26:28-30). Se puede interpretar que antes de que manifestaran verbalmente su decisión, los Gabaonitas ya ganaron la batalla. Josué quedó comprometido para siempre en esta alianza, aunque descubrió luego la verdad, tuvo que mantener su juramento o compromiso, porque lo había hecho delante de Dios.

El siervo-líder puede también caer en esta situación cuando por confiado descuida su responsabilidad "...y no consultaron a Jehová" (Josué 9:14b). Ni la experiencia personal, ni la astucia capacitan de tal manera que permita tomar estas decisiones sin consultar a Dios. Aun los buenos siervos de Dios pueden ser engañados por la astucia de otros.

III. Alianzas que se oponen a la misión de Dios

De manera general se debe analizar que cuando el siervo-líder está involucrado en el plan de Dios, se presentan inconvenientes, muchas veces sutiles, que pretenden desviar el sentido o propósito divino. Existe un llamado a vivir sin desviar la atención de la misión (Josué 9:14-27).

Hoy también existe un peligro latente, la mala influencia que los "falsos maestros" ejercen sobre líderes cristianos que descuidan su preparación y crecimiento espiritual. Pedro se refirió a esto en su carta cuando escribió "Pero hubo también falsos profetas entre el pueblo, como habrá entre vosotros falsos maestros que... aun negarán al Señor que los rescató, atrayendo sobre sí mismos destrucción repentina" (2 Pedro 2:1). En la iglesia primitiva se experimentó el surgimiento de grupos heréticos que intentaron cambiar los conceptos doctrinales cristianos. En este tiempo por ejemplo existen determinados grupos religiosos que aceptan la homosexualidad como un mal de nacimiento y no como un pecado grave.

En este tiempo debemos estudiar la Palabra de Dios y conocerla en profundidad para no ser engañados fácilmente. No debemos perder de vista la misión para la cual Dios nos llamó y cumplir tal cual aparecen en la Biblia los mandamientos y ordenanzas que el Señor nos dejó.

La misión del pueblo incluía una advertencia contra la idolatría de otras naciones (Deuteronomio 12:29-30). Por esta razón no se debían establecer alianzas que implicaran convivencia (Éxodo 23:32-33), con personas que no manifestaran evidencia de una adoración genuina a Dios.

Alianzas peligrosas

Hoja de actividad

Versículo para memorizar: "Y el pueblo respondió a Josué: A Jehová nuestro Dios serviremos, y a su voz obedeceremos" Josué 24:24.

I. Alianzas establecidas impulsivamente

¿Cuáles son las tres señales de una alianza establecida impulsivamente? (Josué 9:3-14). _____
_____
_____

¿Tiene alguna experiencia en que actuó impulsivamente?¿Cuáles fueron las consecuencias. _____
_____
_____

II. Alianzas establecidas sin "consultar a Dios"

¿Cuáles actitudes nos impiden consultar a Dios antes de tomar decisiones importantes en nuestra vida y ministerio? (Josué 9:14-15)._____
_____
_____

¿Cuál debería ser nuestra actitud ante cualquier decisión? _____
_____
_____

III. Alianzas que se oponen a la misión de Dios

De dos ejemplos de decisiones cristianas en las cuales el siervo-líder se puede alejar de cumplir con la misión de Dios?_____
_____
_____

Conclusión

Salvo en el caso de la creación, se puede asegurar que Dios siempre cumplió su plan por medio de personas. Primero las llamó, luego las preparó y finalmente las envió. El conocer la voluntad de Dios y ejecutarla con obediencia y sujeción es la clave en la vida de un siervo-líder.

Dios cumple su propósito

Roberto Quinatoa (Ecuador)

I. Reyes unidos contra Israel

A. Triunfo con los reyes del sur

Todas las batallas ganadas por parte de Josué eran una vez más la confirmación de que Dios estaba con él. Dios guió a Josué a una victoria segura y esto trajo gran ánimo al pueblo. Por otro lado trajo mucho temor a los reyes del norte que todavía no habían luchado con Josué.

En Josué 10:42-43 podemos rescatar lo siguiente:

a) La primera parte dice que Josué tomó posesión de las tierras que Dios le indicó y como señala en el pasaje "… de una vez…", porque así Dios le había ordenado. Para obtener bendición perfecta en nuestra vida, existe un requisito fundamental que debemos cumplir, hacer la voluntad de Dios tal y como Él lo manda.

b) En segundo lugar "Dios peleaba por Israel". La Palabra de Dios incluye promesas fieles que Dios cumplió, de esta manera confirmamos que Dios cumple su Palabra. Desde el inicio de toda esta gran jornada de conquista en Josué 1, las promesas de Dios fueron claras. Su cumplimiento se pueden observar a través del relato de toda la vida de Josué.

c) Tercer lugar, "… volvió Josué", en ocasiones no volvemos al lugar en el que Dios nos indica, no cumpliendo fielmente con su mandato. Que difícil es escuchar y obedecer a Dios cuando hemos tenido "glorias" o "victorias". Josué pudo quedarse en esos lugares porque ya había trabajado mucho y había mostrado grandes resultados, pero fue necesario volver al "campamento", lugar de planificación, de encuentro con Dios y de descanso.

B. La coalición de los reyes del norte

Como respuesta al éxito de Israel sobre los reinos del sur (capítulo 10), varios reyes del norte formaron una coalición y atacaron a Israel en las aguas de Merón (Josué 11:1-5). Viendo esta situación, las circunstancias para Josué serían difíciles, pero Dios llegó una vez más con su promesa y su dirección. Los que debían temer eran los reyes del norte porque Jehová estaba con Josué y su pueblo y pelearía por ellos (Jueces 11:6).

II. Confianza y obediencia de Josué

A. Dios habló a Josué

Josué estaba enfrentando uno de los desafíos más grandes de la vida del pueblo de Israel. Todos los reyes de las ciudades que se mencionan en los versículos que estamos estudiando de Josué 11:1-5, se habían juntado para ir contra Israel."…Dijo Dios, No temas a causa de los que te enfrentan…" esa fueron muy buenas palabras de ánimo para la vida del siervo-líder que estaba frente a el pueblo. Dios mismo trajo confianza, a Josué en medio de la situación difícil que debería enfrentar.

B. Josué obedeció

Este pasaje de Josué 11:9-15 explica al detalle el actuar de Josué, señalando que hizo todo de acuerdo a lo que Dios le mandó, sin pasar nada por alto. Josué siguió las instrucciones muy bien y como resultado final trajo la victoria para todo el pueblo, en el reconocimiento que fue Dios quien les ayudó a esta tarea tan especial.

C. Dios concedió la victoria a Josué

A veces nuestro orgullo es muy fuerte y creemos que lo que hemos logrado ha sido gracias a nuestros conocimientos o nuestras fuerzas o nuestra gran astucia, pero a través de este enfrentamiento, una vez más se confirmó que fue Dios quien le dio la victoria. El relato termina con una breve exposición de las conquistas obtenidas en toda la región (11:16-23). Sin duda alguna creemos que Dios tiene el control absoluto de todo.

III. Enseñanzas

En todo el recuento de conquistas (Josué 12:1-7), podemos ver que Dios no actúa de manera suelta. A través de las diferentes luchas se puede ver el obrar de Dios. Él lo hizo de manera propositiva, respondiendo a un plan elaborado por parte de Él mismo. Cuando entendemos esto, podemos estar tranquilos sabiendo que Dios utiliza un plan perfecto sobre toda la creación. La promesa de Dios para Josué al inicio de su desarrollo de liderazgo fue que Dios le iba a entregar toda la tierra que prometió a sus hijos a través de Moisés y así lo cumplió.

Dios cumple su propósito

Lección 48

Hoja de actividad

Versículo para memorizar: "Mas Jehová dijo a Josué: No tengas temor de ellos, porque mañana a esta hora yo entregaré a todos ellos muertos delante de Israel" Josué 11:6.

I. Reyes unidos contra Israel

¿Cuál fue la reacción de los reyes del norte al enterarse de lo acontecido a lo reyes del sur según Jueces 11:1-5?
_____
_____

¿Qué le dijo Dios a Josué, con relación a lo que sucedería? (Jueces 11:6). _____
_____
_____

II. Confianza y obediencia de Josué

¿Puedes compartir un testimonio personal en el que sientas que Dios te dio la victoria en medio de alguna situación difícil? _____
_____

¿Qué aspecto resalta en Jueces 11:9-15? _____
_____

III. Enseñanzas

Hay tres enseñanzas importantes de esta historia. Escriba con sus propias palabras como estas enseñanzas son reales en su vida en forma práctica. Escriba algún pasaje bíblico que le ayude a enfrentar estas situaciones.

1. Escuchar la voz de Dios en tiempos difíciles. _____
_____

2. Reconocer que Dios es quien da la victoria. _____
_____

3. Reconocer que Dios tiene un plan perfecto para nuestra vida. _____
_____

Conclusión

Dios cumplirá su propósito en cada uno de sus hijos si son fieles a sus mandamientos y al propósito para el cual fueron llamados.

Equidad del líder ante su pueblo

Elvin Heredia (Puerto Rico)

I. ¿Qué es equidad?

Un siervo-líder, además de tener poder de decisión y autoridad, debe procurar el cuidado y el bienestar de aquellos a quienes dirige. Debe obrar en igualdad y justicia para con todos. Debe obrar y decidir con equidad.

La equidad es sinónimo de justicia, igualdad, balance y ecuanimidad. La equidad es ese punto de equilibrio en la balanza de la justicia.

La equidad va por encima del criterio personal, del egoísmo, del racismo, de la corrupción, del favoritismo y otros enemigos de la igualdad y la justicia. Pero a la vez no debe desentenderse de los principios morales y procesos legales reconocidos en la sociedad.

II. Josué ante la repartición de tierra

A la muerte de Moisés, Dios había encomendado a Josué la repartición de la Tierra Prometida, la cual presuponía que Josué actuara con equidad. De por sí, la tarea era muy difícil, pero este trabajo en particular presentaba una complicación adicional. El pueblo de Israel era "un pueblo ingobernable", como lo catalogan muchos comentaristas bíblicos.

Josué contaba con la ventaja estratégica de haber sido parte del pueblo que ahora le tocaba gobernar. No obstante, contar con esta experiencia no era suficiente. Reconociendo esto, Dios lo llamó a dirigir al pueblo de Israel e introducirlo a Canaán, pero también lo exhortó a ser esforzado y valiente.

Esto implicaba asimismo el ejercicio de la equidad. Josué debía ser esforzado y valiente para que, a pesar de todo y de todos, la balanza de la justicia se mantuviera equilibrada. Esta era la ley de Dios de la cual Josué no podía apartarse "ni a diestra ni a siniestra" (v.7).

La Biblia nos muestra en el libro de Josué un amplio detalle de esta repartición, en la cual encontraremos indicadores muy sencillos, pero muy efectivos para la tarea de Josué. Y, ciertamente, muy útiles para nuestra tarea.

III. Equidad en la repartición de la tierra

En los capítulos 13-21 del libro de Josué se detallan las consideraciones que se observaron en la repartición de la tierra. Esta destaca algunos principios de equidad y justicia que son necesarios para la ejecución de la misión de Josué como siervo-líder, y de nuestra tarea como siervos de Dios:

1. Observar y cumplir lo que Dios ya dispuso en su Palabra. Honrar la ley de Dios es una demostración de equidad y justicia.
2. Mostrar imparcialidad en el cumplimiento de nuestro deber.
3. Tener en cuenta la honra que deben recibir aquellos que trabajan para El Señor, reconociendo su labor y fidelidad en el servicio.
4. Reconocer y respetar el bien ajeno y el don de Dios en la vida de los demás. Honrar al prójimo nos convierte en administradores de la justicia y la equidad divina.
5. Considerar a los más débiles y a los necesitados, procurando que la justicia se imparta con equidad, de acuerdo a la ley y respetando la vida e integridad del ser humano.

Josué mostró equidad en la adjudicación de los derechos y beneficios.

IV. Responsabilidades y obligaciones

A. Debían tener entre ellos a los levitas

La repartición de la tierra tenía sus condiciones. Si bien fue cierto que la tribu de Leví no recibiría tierra, era necesario que se considerara a esta tribu como residente permanente en los terrenos de cada tribu como una demostración de aprecio, respeto y agradecimiento por el servicio que esta tribu de Leví prestaba al pueblo (Josué 21; 1 Tesalonicenses 5:12-13).

B. Debían socorrer al necesitado de justicia

Otra de las disposiciones para la herencia de la tierra incluía separar ciudades de refugio para aquel que necesitara protección y justicia. Las ciudades de refugio representaban las garantías de equidad en la atención de las necesidades y en la impartición de la ley (Josué 20).

Equidad del líder ante su pueblo

Hoja de actividad

Versículo para memorizar: "Esfuérzate, y sé valiente; porque tú repartirás a este pueblo por heredad la tierra de la cual juré a tus padres que la daría a ellos" Josué 1:6.

I. ¿Qué es equidad?

Mencione otras palabras que tengan el mismo significado que "equidad". _____

_____

_____

Escriba dos ejemplos de equidad contemporáneos. Luego commpártalos con la clase. _____

_____

_____

II. Josué Josué ante la repartición de tierra

¿Qué implicaba que Josué fuera esforzado y valiente? _____

_____

¿Qué ventaja tuvo Josué que no tuvo Moisés? _____

_____

III. Josué mostró equidad

¿En qué dos aspectos Josué debía mostrar equidad? _____

_____

IV. Responsabilidades y obligaciones

¿Con qué debía cumplir el pueblo para recibir la tierra prometida?

Levitas, Josué 21: _____

_____

Ciudades de refugio, Josué 20: _____

_____

¿Cómo entendemos esto hoy? _____

_____

Conclusión

Una de las características principales que define un buen liderazgo es la equidad; el sentido del deber y la justicia en el contexto de la bondad, la misericordia y el amor.

Exhortaciones, desafíos y advertencias

Fernando Mounier (Puerto Rico)

I. Las exhortaciones del siervo-líder

En Josué 23:6-16 leemos la exhortación que el siervo-líder le hizo a Israel en su vejez. Josué conocía la debilidad de la naciente nación de Israel y les advirtió al respecto.

Ellos tendían a olvidarse de Dios y se tornaban a adorar a otros dioses. Él deseaba que Israel no se olvidara de Jehová, ni se desviara tras otros dioses por eso su consejo para todo el pueblo y los líderes de Israel comenzó con tres exhortaciones de suma importancia o más bien imperativas.

A. Exhortados a esforzarse

El pueblo de Israel debía esforzarse para cumplir con los mandamientos dados por Dios a Moisés. La pureza de espíritu la mantendrían si no se mezclaban con los pueblos circundantes (Josué 23:6-7).

B. Exhortados a guardarse para Dios

La segunda exhortación que se le demandó a Israel fue guardar su alma para amar solamente a Dios (Josué 23:11-13). Dios no admite rivales.

C. Exhortados a reconocer a Dios

Dios había cumplido la promesa hecha a Abraham (Josué 23:14-16). Israel poseía "la buena tierra que Dios le había dado". Después de tantos portentos que Dios había hecho en medio de ellos sólo restaba que se mantuvieran fieles reconociendo la misericordia y el amor divino. Josué comprendía que si el pueblo no reconocía todo lo que Dios había hecho por ellos, estarían condenados a recibir la ira de Dios.

II. El desafío del siervo-líder

El contexto de esta sección se encuentra en Josué 24:1-13. En estos versículos Josué hizo un recuento donde le recordó al pueblo de donde Dios había llamado a sus antepasados. El desafío que Josué presentó al pueblo implicaba dos aspectos centrales para sus vidas.

A. El temor a Jehová

El temor a Jehová no significa tener miedo a Dios por el contrario, significa que tengamos confianza y fe en su persona.

B. Escoger a quien servir

Josué enfatizó la necesidad de quitar de entre Israel los dioses a los cuales sirvieron sus antepasados en Ur de los caldeos y en Egipto. No podemos tener nuestra lealtad dividida (Mateo 6:24; 1 Corintios 10:20-24).

III. La advertencia del siervo-líder

Josué le pidió al pueblo que decidiera a quien iban a servir. En alguna forma esto los alarmó (Josué 24:16). Josué necesitaba asegurarse de que esta decisión era producto de un corazón sincero y profundamente convencido en servir a Dios, (Josué 24:19-27).

A. Jehová es Dios santo

Dios no estaba dispuesto a contemporizar con otros dioses y por tanto Josué reivindicó su carácter santo (Josué 24:19). La decisión de servir a Dios tenía que surgir de una profunda convicción personal.

B. Consecuencias de servir a otro dios

En esta sección es importante notar que el pueblo estaba renovando el pacto hecho por Dios con Abraham. La insistencia de Josué para que el pueblo dejara de servir a otros dioses implica que esta práctica no estaba erradicada por completo (Josué 20). El pacto implicaba el reconocimiento de que Dios le había hecho bien a Israel. Transgredir el pacto tendría sus consecuencias y estas serían el castigo divino o quedarse sin la protección divina.

C. Una señal como testimonio

Josué deseaba grabar profundamente en la mente y el corazón de Israel los mandatos que Dios le había dado a Moisés. Con este fin empleó todos los recursos a los cuales tuvo acceso: La repetición oral de la voluntad divina, su propio ejemplo y el recurso visual como una señal para grabar en ellos el recuerdo de la renovación del pacto entre Dios e Israel (Josué 24:27).

Exhortaciones, desafíos y advertencias

Lección 50

Hoja de actividad

Versículo para memorizar: "Pero yo y mi casa serviremos a Jehová" Josué 24:15b.

I. Las exhortaciones del siervo–líder

¿Por qué debemos cuidarnos de la apostasía? _____
_____
_____
_____

¿Por qué debo guardar mi alma para Dios? _____
_____
_____
_____

II. El desafío del siervo-líder

Explique en sus propias palabras qué entiende por el "temor a Jehová". _____
_____
_____
_____

¿Por qué para el cristiano ser relativo no es una opción? _____
_____
_____
_____

III. La advertencia del siervo-líder

A su juicio: ¿Por qué la decisión de servir a Dios tiene que surgir de una profunda convicción personal? ____
_____
_____
_____

Conclusión

Las historias relatadas en el libro de Josué ocurrieron hace aproximadamente tres mil doscientos años. Hoy día percibimos el eco de las mismas invitando a todos los creyentes a acercarnos a Dios y a conocerle. Estemos atentos al mensaje de Dios y recordemos que el Espíritu Santo vivifica la Palabra.

El siervo-líder, sin sucesor

Lección 51

Macedonio Daza (Bolivia)

I. Josué se retiró a una edad avanzada

Josué según relata la historia dejó la dirección del pueblo a una edad muy avanzada con un compromiso personal bien claro con Dios (Josué 23:1-3, 24:15,29).

A. Preparativos para su retiro

Cualquier ser humano al tener una edad avanzada y sentir la proximidad de la muerte, se va preparando para concluir su tarea en la tierra (Josué 23:1-2). El versículo 2 nos relata que Josué convocó a todo Israel. El pasaje menciona cuatro categorías de autoridades (también cita los mismos grupos en Josué 24:1): 1.Ancianos, 2.príncipes, 3.jueces y 4.oficiales.

B. Contenido de su discurso

En Josué 23:3 dice: "Ustedes han visto todo lo que nuestro Dios ha hecho a favor de ustedes con estas naciones, Dios mismo ha luchado por ustedes" (TLA). Josué les recordó, acudiendo a la memoria, que tenían registradas a través del sentido de la vista. Ellos fueron testigos en primer grado de lo que Dios había hecho, por lo tanto sabían que las conquistas que habían logrado hacía algunas décadas no debían atribuirse a ningún líder humano, ni siquiera al mismo Josué, sólo pertenecían a Dios.

II. El pueblo sirvió a Dios durante su liderazgo

A. Compromiso personal y familiar de Josué

Josué, como conocedor del pueblo que dirigió por varios años, al momento de dejar su labor les dio exhortaciones pertinentes (Josué 24:15).

Sabía que el pueblo de Israel era voluble, una cultura alienable, que adoptaban fácilmente costumbres y religiones ajenas y extrañas. Conociendo esto apeló a la voluntad del pueblo de decidir a quién servir, sea a los dioses paganos, o a Jehová Dios verdadero que les entregó la Tierra Prometida. Podrían elegir al igual que sus antepasados que adoptaron a dioses ajenos. Josué demostró su compromiso personal proyectado a su familia. Josué había invertido tiempo en su familia, en su solidificación espiritual, que había cumplido el trabajo sacerdotal en su hogar, por esa razón podía expresar con tanta seguridad que él y su linaje servirían a Jehová.

B. Servicio completo a Dios

En Josué 24:31 dice que fue primordial el liderazgo de Josué como guía espiritual, no sólo en la predicación verbal; sino también en su modo de vida ejemplar "Y sirvió Israel a Jehová todo el tiempo de Josué, y todo el tiempo de los ancianos que sobrevivieron a Josué y que sabían todas las obras que Jehová había hecho por Israel". Como todo buen líder influyó a sus contemporáneos y tuvo seguidores (Josué 24:31).

III. Israel se alejó de Dios

A. Josué murió sin sucesor

Josué murió a sus ciento diez años, y fue sepultado en su heredad. Había sido un buen comandante para la generación que le fue asignada para liderar. El error que cometió fue no levantar otro líder, no preparó un sucesor así como él había sido influido y mentoreado por Moisés.

Un líder no sólo se preocupa de levantar otros líderes, sino, en la perdurabilidad y en la calidad de ellos.

B. Murió también la generación

Aquellos que fueron testigos de las grandes maravillas de Dios, esa generación que había servido fiel junto a Moisés dejó de existir (Jueces 2:10). La calidad de sus sucesores ya no fue igual a ellos, el momento histórico que les tocó vivir fue único, tampoco hicieron una buena transferencia de fe a sus hijos.

C. Se levantó otra generación

Después se levantó una generación que no conocía a Jehová. El pueblo ya no tenía un buen líder como Josué que los dirigiera; tampoco vivían sus padres quienes tuvieron experiencia directa con Dios. La nueva generación ya no conocía las maravillas y prodigios del Dios todopoderoso, por tanto llegó la apostasía y se fueron tras otros dioses (Jueces 2:13). El error que cometió este siervo-líder, fue no entrenar un sucesor; como resultado el pueblo de Israel se alejó de Dios tan pronto murieron Josué y la generación que le acompañó.

El siervo-líder, sin sucesor

Hoja de actividad

Versículo para memorizar: "Y sirvió Israel a Jehová todo el tiempo de Josué, y todo el tiempo de los ancianos que sobrevivieron a Josué y que sabían todas las obras que Jehová había hecho por Israel" Josué 24:31.

I. Josué se retiró a una edad avanzada

¿A quiénes invitó Josué, para darles encargos importantes al epílogo de su vida? _____

Intente escribir de memoria el versículo referido en esta sección, Josué 24:15 _____

II. El pueblo sirvió a Dios durante su liderazgo

Escriba algunas razones de la fidelidad de esa generación _____

III. Israel se alejó de Dios

¿Cuál fue el error de Josué como siervo-líder? _____

¿Qué es lo que no debe descuidar un buen siervo-líder? _____

¿Quién fue el mejor siervo-líder que entrenó y cómo lo hizo? _____

Después que murieron los de la generación de Josué, ¿por qué cree que los hijos no siguieron los pasos de sus padres? _____

Conclusión

Si estamos preocupados por las futuras generaciones, debemos preparar a siervos-líderes. Un ejemplo excelente al respecto lo fue Jesús quien preparó y entrenó a los doce discípulos.

Josué el siervo-líder

Patricia Picavea (Guatemala)

I. El llamado del siervo-líder

A. La preparación

El pasaje de Éxodo 17:8-14 relata que Moisés era el representante de Dios ante el pueblo Hebreo y Josué debía obedecerle. Este es el mejor inicio de un buen siervo-líder porque una persona que obedece y se somete a su líder también podrá someterse y obedecer a Dios. Por otro lado el que obedece hoy tendrá autoridad para enseñar obediencia mañana.

B. El carácter del siervo-líder

La palabra siervo-líder no la vamos a encontrar en este ni en los otros pasajes que estudiaremos en esta lección. Sin embargo, es obvio que Josué encarnó en su vida lo que esto significa. Entró al escenario de la narración bíblica en Éxodo 17:8-16. El escritor sagrado nos presenta a Josué como servidor (Éxodo 24:13, 33:11; Josué 1:1) y "ayudante de Moisés" (Números 11:28). Josué, fue entrenado para servir, ahora estaba listo para guiar (Deuteronomio 1:38a).

II. Desarrollo del siervo-líder

A. Estrategias del liderazgo

En la ocasión que Josué decidió enviar a dos espías a reconocer el lugar (Josué 2:1) para recopilar la mayor información posible era una situación muy delicada. Los hombres que escogió eran confiables, discretos y prudentes, ya que no debían desviarse de su misión. Los dos espías fueron guiados por Dios en su hazaña, y aunque tuvieron que enfrentar diversos peligros, Dios les acompañó y les dio la sabiduría para salir airosos ante la situación.

B. Dependencia y confianza del siervo-líder

En Josué 3:1-17 vemos que Josué estaba decidido a seguir adelante con la campaña de lograr la tierra prometida por eso trajo al pueblo hasta las riberas del río Jordán (3:1). Y después de tres días les hizo una petición al pueblo: "Santificaos…".

Dios le mandó al pueblo de Israel que aprendiera a ser agradecido y no olvidara lo que Dios estaba haciendo por ellos (Josué 4:1-24).

C. Actitud del siervo-líder ante el pecado

En Josué 7 vemos que el pecado de tal gravedad sólo se solucionaría eliminándolo. En este caso, Dios usó el castigo a Acán como un ejemplo de su repudio a tal acto de rebelión y como confirmación de la importancia de su pacto con el pueblo.

D. El error de Josué

Antes de establecer alianzas un siervo-líder debe cuidar de cometer los siguientes errores Josué 9: No hacerlas en forma impulsiva, no dejar de consultar con Dios, sin importar que decisión vaya a tomar y no hacer alianzas contrarias al mandato de Dios.

Más adelante vemos que Josué estaba enfrentando los desafíos más grandes de la vida del pueblo de Israel, Josué 11:1-5. Pero en esta ocasión Dios mismo le dio confianza, en medio de la situación difícil que debía enfrentar.

E. Equidad del siervo-líder

A la muerte de Moisés, Dios había encomendado a Josué la repartición de la Tierra Prometida, lo cual presuponía que Josué actuara con equidad. Esta repartición de la tierra destaca algunos principios de equidad y justicia que son necesarios para la ejecución de la misión de Josué como siervo-líder y de nuestra tarea como siervos de Dios.

III. El último tiempo de Josué

Josué deseaba grabar profundamente en la mente y el corazón de Israel los mandatos que Dios le había dado a Moisés. Con este fin empleó todos los recursos a los cuales tuvo acceso: La repetición oral de la voluntad divina, su propio ejemplo y el recurso visual como una señal para grabar en ellos el recuerdo de la renovación del pacto entre Dios e Israel.

Josué dejó la dirección del pueblo a una edad muy avanzada con un compromiso personal bien claro con Dios (Josué 23:1-3, 24:15, 29).

Josué el siervo-líder

Lección 52

Hoja de actividad

Texto para memorizar: "Mira que te mando que te esfuerces y seas valiente; no temas ni desmayes, porque Jehová tu Dios estará contigo en dondequiera que vayas" Josué 1:9.

I. El llamado del siervo-líder

A su criterio y después de haber estudiado la vida de Josué ¿cuál cree que debe ser la preparación del siervo-líder? _____

¿Cuál cree que debe ser el carácter del siervo-líder? _____

¿Para qué fue llamado Josué? ¿Cree que hoy Dios sigue llamando igual? _____

II. Desarrollo del siervo-líder

¿Qué pidió Josué al pueblo antes de cruzar el Jordán según Josué 3:5? _____

¿Qué tan importante sería que el pueblo se santificara? _____

¿Cuál debe ser la actitud del siervo-líder ante el pecado? ¿Considera que hoy actuamos igual? _____

III. El último tiempo de Josué

¿Cuál fue el desafío final que Josué dejó al pueblo? (Josué 24:14-15). _____

¿Cómo podemos aplicar ese desafío hoy en donde nos movemos? _____

Conclusión

La historia de Josué debe ser un ejemplo a seguir. Sujeción, obediencia y santidad deben ser cualidades que no deben faltar en quien es llamado a ser un siervo-líder.

www.ingramcontent.com/pod-product-compliance
Lightning Source LLC
Chambersburg PA
CBHW081015040426
42444CB00014B/3223